VERONA POOTH

DIE SUPERMILF

WERDE AUCH DU EINE SUPER

MITTEN **I**M **L**EBEN **F**RAU

MIT VALERIE KOCH

Bibliografische Information der deutschen Nationalbibliothek
Die Deutsche Nationalbibliothek verzeichnet diese Publikation
in der Deutschen Nationalbibliografie. Detaillierte bibliografische Daten
sind im Internet über http://dnb.dnb.de abrufbar.

Originalausgabe
1. Auflage 2023

Batheyer Str. 115-117
D-58099 Hagen

Gesamtgestaltung Umschlag und Satzdesign: Karin Etzold
Titelgestaltung: Atelier Verona Pooth
Illustrationen: Atelier Verona Pooth
Lektorat und Korrektorat: Simon Sahner, Elisa Garett und Marc Eppler –
vermittelt durch dots&plots by Lisa Bitzer und Björn Rustemeyer
Druck: aprinta druck GmbH, Wemding

Printed in Germany

Foto Credits:
Umschlag: Fotos U1, U3, U4: Anelia Janeva; Herz U1: Atelier Verona Pooth
Kussmund U4: Atelier Verona Pooth; Signatur U2 und U4: Atelier Verona Pooth
Innenteil: Fotos Kapitelaufmacher: Kapitel 1: Atelier Verona Pooth;
Kapitel 2: Jasmin Berger – Pickfotografie; Kapitel 3: Atelier Verona Pooth;
Kapitel 4: Anelia Janeva; Kapitel 5: Anelia Janeva; Kapitel 6: Anelia Janeva;
Kapitel 7: Anelia Janeva; Kapitel 8: Anelia Janeva;
Kapitel 9: Atelier Verona Pooth; Kapitel 10: Anelia Janeva

ISBN Print: 978-3-00-075666-5
ISBN E-Book (EPUB): 978-3-00-075710-5

VERONA POOTH

DIE SUPER MILF

WERDE AUCH DU EINE SUPER
MITTEN **I**M **L**EBEN **F**RAU

MIT VALERIE KOCH

Inhalt

Prolog

Als ich den Kommentar #MILF das erste Mal unter einem meiner Postings bei Instagram sah, konnte ich mit dem Begriff nichts anfangen. Ein Journalist erklärte mir damals, dass MILF eine Abkürzung sei und „mother I'd like to fuck" bedeute, zu deutsch: „Mutter, mit der ich gern in die Kiste hüpfen würde". Er selbst hatte MILF zum ersten Mal in dem Teeniefilm „American Pie" gehört, in dem einer der pickeligen Hauptdarsteller, gespielt von Adam Sandler, nichts dagegen gehabt hätte, mit der Mutter aller MILFs, Jennifer Coolidge, in besagte Kiste zu hüpfen.

MILF war mal ein Begriff, der insbesondere in der Pornoindustrie benutzt wurde, inzwischen wird er aber als zeitgeistiges Phänomen in den unterschiedlichsten Zusammenhängen verwendet: vor allem in der Popkultur, der Musik oder im Vokabular von Kids steht die MILF direkt neben Bro und Diggah. Voll smash eben.

Die MILF ist also allgegenwärtig. Und zum Glück ist sie schon lange keine rein sexistische Bezeichnung für eine Mutter oder eine Frau im gebärfähigen Alter (und vor allem darüber hinaus) mehr. Denn eigentlich hat MILF wirklich das Potenzial, so viel mehr zu sein und so viel Besseres zu bedeuten.

Ich habe die MILF deshalb aus der Schmuddelecke ins Rampenlicht gezogen und sie mir einmal näher angeschaut: Was genau macht denn die Sexyness der „mom I'd like to fuck" aus? Verwenden den Begriff nur Männer mit ausgeprägtem Mamakomplex, nach dem Motto „Mama macht's (dir) schon"? Was macht Frauen in ihrer Lebensmitte denn wirklich so attraktiv? Kann jemand diesen Ausdruck endlich von der Oberflächlichkeit befreien und in ein Kompliment umwandeln, das Frauen in der Lebensphase zwischen 40 und 55 mehr zuspricht als erotische Anziehungskraft?

Und das Wichtigste: Wer hilft mir als Frau, von der MILF (made by men) zur SUPERMILF (made by and for myself) zu werden?

Die Antwort lautet: Ich!
Denn meine **MILF** ist die **M**itten-**I**m-**L**eben-**F**rau, eine heiße Schnitte in der Lebensmitte: eben eine echte SUPERMILF, selbstbewusst und selbstbestimmt.
Sie ist (wie ich selbst) eine Frau, die sich in ihrer Lebensmitte befindet und diese Mitte nicht als den Anfang vom Ende ansieht, sondern als einen wichtigen Pfeiler auf ihrem Lebensweg. Jetzt geht es darum, die zweite Hälfte mit all den gesammelten Erfahrungen neu zu gestalten. Und es geht darum, sie in vollen Zügen zu genießen. Denn die Lebensmitte ist nicht wie früher mal angenommen das Bergfest, bis zu dem es steil bergauf und dann hoppladihopp bergab, am besten direkt in den Sarg geht.
Ich möchte den Frauen in der Lebensmitte mit dem Label SUPERMILF zu neuem Selbstbewusstsein und neuer Attitüde verhelfen. Denn meine Definition der SUPERMILF ist die Mitten-Im-Leben-Frau, die (Kinder hin oder her) heiß ist wie die Wüstensonne – und zwar von innen wie von außen. Die – um im Bild zu bleiben – alles andere als vertrocknet ist, sondern eine Oase an Erfahrungen, Selbstwert, Gelassenheit.
Für uns Frauen kommt die Lebensmitte nicht wie bei den Männern mit einer flotten Harley und einer Haartransplantation um die Ecke gecruist. Für Frauen kommt sie mit dem unaussprechlichen Wort Klimakterium (bitte was???) und der Tür ins Haus gefallen und bringt den Hormonsturm gleich mit. Danke dafür. Blumen hätten es auch getan. Klimakterium kommt übrigens aus dem Griechischen und bedeutet Stufenjahre. Im Deutschen wurden daraus die Wechseljahre, was so viel bedeutet wie: Ofen aus, aber trotzdem Hitze. Hormon- und Stimmungsschwankungen, Gefühlschaos und das Ende der Fruchtbarkeit. Aber ist das auch sonst ein Ende? In jeder Hinsicht?
Nein! Es ist eine natürliche Phase, die wir Frauen alle durchleben. Egal ob Mutter, schon Oma, kinderlos, homo, hetero, bi-, pan-, asexuell,

solo, verliebt, verlobt, verheiratet. Wir alle werden von den Wechseljahren erwischt. Wir alle, das sind derzeit rund acht Millionen Frauen in Deutschland. Also jede fünfte Bewohnerin der Republik. Acht Millionen potenzielle SUPERMILFs, und ich bin eine von ihnen, deswegen offenbare ich in diesem Buch ungefiltert und ungeschminkt (naja, vielleicht mit einem Hauch Rouge) meine Sicht auf diese Lebensphase. Die kommenden Seiten sollen sich für dich wie ein Gespräch mit einer guten Freundin anfühlen. Sie enthalten Tatsachen und Ratschläge, sollen dich aufbauen und vor allem ermutigen, dich inspirieren und beflügeln, aber dabei unser Leben weder in grellen Farben schönreden noch schwarzmalen – in jedem Fall sollen sie grundehrlich sein.

Über die Lebensmitte zu sprechen, ist ein guter Anfang. Man hört viel zu wenig über diese Phase im Leben einer Frau und das müssen wir gemeinsam ändern. Während die Midlife-Crisis beim Mann ein etabliertes und akzeptiertes Klischee ist (Mann hat plötzlich einen neuen Style, kauft sich einen flotten Sportwagen und cruist damit davon in ein neues Leben mit einer jüngeren Frau), werden Frauen in der Lebensmitte öffentlich nur um den Verlust ihrer Schönheit (und als Folge davon um den Verlust ihres Mannes) bedauert. Ich möchte das auf keinen Fall so stehen lassen. Denn wir Frauen verlieren in dieser Phase gar nichts, im Gegenteil, wenn wir es clever anstellen, gewinnen wir sogar etwas. Wie das geht, will ich mit so vielen Frauen wie möglich besprechen. Denn egal, wie und wann wir in die Wechseljahre kommen oder die Wechseljahre zu uns: sie kommen. Und du wirst bereit sein. Denn wer sagt eigentlich, dass ein Wechsel nicht auch etwas Neues und Aufregendes mit sich bringen kann. Wechsel bedeutet doch nicht automatisch, dass es schlechter werden muss. Wechsel bedeutet vor allem Veränderung, und die kann auch eine Verbesserung sein.

Wir können uns den hormonellen Veränderungen (und ich spreche nicht von Depressionen oder körperlichen Einschränkungen, die das Leben wirklich verschlechtern) mit einem Mindset entgegenstellen, das uns dabei hilft, unser Älterwerden als Privileg anzusehen und nicht als Bürde. Denn: juhu, wir leben noch. Und wie! Wir leben sogar richtig lange, wenn man der Statistik glaubt. Seit dem Ende des 19. Jahrhunderts hat sich die Lebenserwartung dank Aufklärung, Wohlstand und Medizin mehr als verdoppelt. Um 1900 wurden Menschen im Schnitt nur 47 Jahre alt. Heute sind es bei Frauen 84 Jahre. Das Glas ist zwar sozusagen halb ausgetrunken, aber es ist eben trotzdem noch halb voll. Also lasst es uns mit einem schönen prickelnden Rosé-Champagner auffüllen und anstoßen: Auf uns, ihr wunderbaren, wechselwilligen Powerfrauen da draußen. Lasst uns im Uterus alt werden und im Herzen jung bleiben.

Ich freue mich darauf, meinen 10-Punkte-Erfolgsplan mit dir zu teilen und über alles zu sprechen, was mich in meiner Lebensmitte beschäftigt. Vor allem möchte ich aber meine ganz persönlichen Lebenstipps und Beauty-Tricks mit dir teilen, mit denen auch du mit Power, Humor und Selbstbewusstsein zur heißen Schnitte in der Lebensmitte wirst! Weil dein griechisches Klimakterium sicher kein trüber Spätherbst wird, sondern der beste Sommer deines Lebens!

Was du mit deinem frisch erworbenen SUPERMILF-Buch übrigens tun kannst und was im echten Leben leider nicht funktioniert, ist vor- und zurückspringen, in der Mitte beginnen oder es nicht chronologisch lesen! Schließlich habe ich es auch nicht chronologisch geschrieben.

Bist du bereit, eine SUPERMILF zu werden?

Los geht's!

Kapitel 1

Zieh blank –
und zwar mental!
Wie du wirst,
wer du sein sollst,
wenn du weißt,
wer du bist.

Die Lebensmitte hat für Frauen einen miesen Ruf. Vieles, was über sie geschrieben wurde, kommt aus der großen Klischeeschublade mit der Aufschrift „Midlife-Crisis". Darin befinden sich Begriffe wie Scheidentrockenheit oder Knochenschwund und schreckliche Prophezeiungen von Schwitz-Martyrien und Haarverlust, hinzu kommen Märchen von mittelalten Drachen und ihren leidenden Familien.

Zum Glück gibt es immer mehr Frauen, die mit einer neuen Offenheit über diese Lebensphase sprechen. Je prominenter sie sind, desto mehr werden sie gehört. Und je mehr wir alle darüber sprechen, desto eher können wir dem Tabu der Wechseljahre den Garaus machen. Und – was mir persönlich noch viel wichtiger ist – wir können dazu beitragen, dass Frauen sich nicht, wie noch unsere Mütter, für ihre Menopause schämen und still leidend durchs Klimakterium kriechen. Wenn viele selbstbewusste, tolle Frauen darüber sprechen, geht die Gleichung *Frau + Menopause = alt und unattraktiv* nicht mehr auf. Und wir zeigen, dass Erfolg, Glück und Weiblichkeit nicht davon abhängen, wie viele Eier wir noch im Stock haben.

Wusstest du eigentlich, dass der Begriff Menopause die allerletzte Regelblutung meint? Und kein Synonym für die Wechseljahre ist? Nein? Ich auch nicht. Umso besser, dass ich hier endlich ein paar Weisheiten über die Lebensmitte loswerden kann, und bei mir bleibt die Klischeeschublade auch ganz fest zu. Versprochen. Dafür krame ich in meiner eigenen Erfahrungsschatzkiste und befrage – für mehr medizinische Aha-Momente – zwei meiner persönlichen Herzensmenschen: meine Freundinnen Dr. Birte Prange (Dermatologin) und Dr. Petra Algenstaedt (Endokrinologin). Zwei Frauen, die bis zum Hals in der Lebensmitte stecken und um keinen ärztlichen Rat verlegen waren. Ehrlich gesagt freue ich mich jetzt schon darauf, dass du dieses Buch liest, denn ich bin davon überzeugt, dass dir die Tipps von Birte, Petra und mir wirklich weiterhelfen werden.

Doch fangen wir von vorne an:
Um herauszufinden, wo du aktuell stehst, macht eine Bestandsaufnahme viel Sinn. Überhaupt eignet sich die Lebensmitte sehr dazu, die eigene Situation mal auf den Prüfstand zu stellen, und tatsächlich ist dieser kritische Blick auf sich selbst auch oft der Auslöser für Unzufriedenheit oder den Wunsch nach Veränderung. Warum wir in unseren Vierzigern oft genauer hinschauen als in den Dreißigern? Ganz einfach, weil wir Frauen dann nach sehr langer Zeit in der Brutpflege oder auf der Karriereleiter endlich die Gelegenheit haben, Luft zu holen und uns das anzuschauen, was wir in den letzten Jahren so aus unserem Leben gemacht oder auch nicht gemacht haben.
Und bei einigen Frauen liegt in der Waagschale, auf der „die anderen" steht, ganz schön viel und auf der mit der Aufschrift „Ich" nicht ganz so viel. Diese Frauen können entweder so weitermachen und noch unglücklicher werden oder sie gestalten ihr Leben um – ein kleines bisschen oder auch ein bisschen mehr.

Aber lasst uns mit der Bestandsaufnahme beginnen. Ich mache direkt mal mit:

Ich bin 55 Jahre alt. Jetzt ist es raus. Und ich will gar nicht hören, dass ich aussehe wie 35, geschweige denn es noch mal sein, immerhin hätte ich dann meinen Roccolito noch nicht und die Schlauchboot-Lippen lägen noch vor mir (google einfach „Verona Schlauch-Pooth-Lippen" oder lies meine Autobiographie, Kapitel „Die Froschkönigin, die ihr Lachen verlor").
Der große Unterschied zwischen den beiden Hälften meines Lebens ist wahrscheinlich, dass ich die erste nie als einen von zwei Teilen gesehen habe. So wie man bei Filmen oft noch gar nicht weiß, dass es mal einen zweiten Teil geben wird. Und ich habe schon gar nicht da-

rüber nachgedacht, dass dieser zweite Teil sehr viel schlechter sein könnte. Aber genau das ist es ja, wovor man uns Frauen in Zeitschriften, Ratgebern und Co schon lange vorher warnt: „Achtung, Achtung, an alle Frauen, der Film des Lebens Teil 2 wird richtig übel. Also schaut ihn euch am besten mit Käse-Nachos und einer Flasche Mayonnaise (jetzt ist es auch schon egal) von eurer abgedunkelten Sofaecke aus an und seid froh, wenn endlich „End" (ohne Happy) über die Leinwand flimmert und ihr den Saal als Schatten eurer selbst und sicherlich ohne Applaus für immer verlassen dürft."

Was ich meine, ist: In unserer Gesellschaft wird so viel über die finsteren Seiten der Lebensmitte gesprochen, über all die Scheußlichkeiten, mit denen sie über uns Frauen hereinbricht, dass diese Vorannahmen in den Köpfen der Frauen zu Tatsachen werden. So dass sie all die gruseligen Symptome bereits hereinbitten, bevor diese überhaupt angeklopft haben. Nach dem Motto: „Ja, hallo, hereinspaziert: Hitzewallungen bitte hier entlang, Nachtschweiß direkt ins Schlafzimmer und Grübeleien, kommt gleich mit an den Küchentisch, wir üben schon mal, dann wird's sicher nur halb so wild!" Halt! Stopp! Ich für meinen Teil war nicht mal zu Hause, als die ersten Symptome bei mir angeklopft haben. Wo ich war? Keine Ahnung, im TV-Studio, vor Roccolitos Schule oder beim Friseur? Jedenfalls habe ich nicht mit Coolpads unter den Armen auf die Ankunft des Klimakteriums gewartet, und du solltest das auch nicht!

Ich will den Wechseljahren nicht ihre biologische Existenz absprechen, im Gegenteil: Jede gesunde Frau zwischen 40 und 55 erlebt die Menopause. Diese Hormonumstellung ist ein ganz natürlicher Prozess im Körper, der irgendwann einfach ansteht, so wie auch die Pubertät. Ein Drittel der Frauen merkt übrigens gar nichts davon, ein Drittel hat ganz leichte Symptome und das letzte Drittel kämpft mit mittleren bis starken Symptomen. Aber ich bin mir ganz sicher, dass wir den Wechseljahren immer etwas entgegensetzen können – egal, zu welchem Drittel wir gehören. In jedem Fall können wir ihnen mit mentaler Stärke begegnen, indem wir sagen: „Hör mal, Klimakterium, mach du mal dein Ding da unten, ich bleibe weiterhin für hier oben (ich tippe mir ans Hirn) zuständig. Dein Tanzbereich, mein Tanzbereich. Du kannst gern zu ‚Time to say goodbye' meine Gebärmutter lahmlegen, aber ich gröle zehnmal lauter ‚Don't stop me now'".

Es ist also Zeit für eine mentale Rundum-Bestandsaufnahme. Einfach mal die Hose runterlassen (oder den Rock, Overall ist immer schwierig), sich selbst ein paar Fragen stellen und sie ganz offen und ehrlich beantworten. Nichts ist wichtiger als eine Inventur, gerade zum Abschluss der ersten Lebenshälfte. Als SUPERMILFs wollen wir schließlich wissen, was wir wert sind und welche Schulden wir angehäuft haben – vor allem uns selbst gegenüber.
Finde heraus, wo du mit deinen Gefühlen aktuell stehst. Und an welche Themen du mit einem positiveren Mindset herangehen kannst.

Reflect yourself, SUPERMILF!

Wer war ich?

Eine Rückschau auf das eigene Leben mag nach einer großen Anstrengung klingen. Nicht alles Erlebte war schön, bei mir übrigens auch nicht. Ich kann dir trotzdem empfehlen, den Blick zurück zu wagen. Einmal die Vergangenheit zu sortieren, ist wie auf den Speicher zu gehen und endlich mal die alten, verstaubten Kisten durchzuschauen. Du wirst sehen: Es gibt auch Fundstücke in unserer Erinnerung, die uns Kraft geben, und es gibt solche, von denen wir uns ein für alle Mal trennen können und sollten. Mit dem Sicherheitsabstand, den wir durch unseren reiferen Blick auf die eigene Vergangenheit haben, wird dieser „Walk down Memory Lane" ein Spaziergang, der uns helfen wird, auch die Gegenwart neu zu ordnen. Lass dir Zeit und haste nicht, so ein Speicher ist auch nicht an einem Abend entrümpelt.

Es gibt übrigens zahlreiche verschiedene Methoden, um das eigene Leben Revue passieren zu lassen. Manche Menschen werden kreativ und malen oder schreiben über die emotional bewegenden Stationen in ihrem Leben. Andere lassen eine Art Film vor ihrem inneren Auge ablaufen, indem sie Kern-Erinnerungen in ihrer Vorstellung aneinanderreihen. Wieder andere zeichnen Lebenslinien oder führen Interviews mit sich selbst, so wie wir jetzt. Stell dir selbst Fragen: Was habe ich privat erreicht? Was beruflich? Was würde ich genauso wieder tun? Was habe ich zu lange ertragen? Welche Fehler habe ich gemacht? Was habe ich vielleicht gar nicht gemacht? Was hat mir in schweren Zeiten geholfen? Was gibt mir heute Kraft? Worin gehe ich ganz auf?

Wenn du diese Fragen ehrlich beantwortest, siehst du schon ganz gut, wo du stehst und welchen Dingen du künftig mehr (oder weniger) Aufmerksamkeit und Zeit schenken solltest. Vor allem schmälere nie deine Leistung: Du bist nicht „nur" Mutter oder nur eine „einfache" Angestellte oder eine „Hausfrau" oder eine „brave Ehefrau". Du bist eine SUPERMILF. Sei stolz auf alles, was du bereits erreicht hast, und versuche, in der zweiten Lebenshälfte noch mehr von dem zu tun, was du gut kannst und was dich besonders glücklich macht.

Wer bin ich und was liebe ich?

Ich bin immer noch Verona, 55 Jahre alt und ich liebe mich. Sorry, Franjo, dich natürlich auch. Meine Kinder und meine Freund:innen sowieso. Und einen quietschbunten Schirm an einem regnerischen Tag. Aber in erster Linie liebe ich mich. Und zwar nicht nur die knackige

Hülle, sondern vor allem das, was darin steckt: ein gutes Herz, ein blitzgescheites Köpfchen (ich sag nur: „dumm herum sind alle schlau"), das ewige Kind in mir, unendlich viele Flausen, die zu Ideen reifen, ein guter Sinn für Humor und eine unbändige Lebenslust.

And the Oscar goes to Oskars.

Ich habe Glück, in diesem Jahrzehnt Mitte fünfzig zu sein, denn als Frauen in dem Alter werden wir im Entertainment-Bereich nicht mehr ganz so übersehen wie das vor wenigen Jahren noch der Fall war. Vielleicht auch, weil Hollywood hin und wieder eine Produktion über den großen Teich schickt, in der Frauen um die fünfzig die Heldinnen sind. Erst letztes Jahr hat die „Sex and the City"-Fortsetzung mit Carrie Bradshaw und Co der Lebensmitte ein glamouröseres Image verpasst. Dass nicht jede so entzückend hitzewallt wie Charlotte York, steht auf einem anderen Blatt. Ich stelle einfach mal positiv fest, dass sie es überhaupt auf dem Bildschirm tut. Insgesamt bekommen Schauspielerinnen im mittleren Alter mehr attraktive Rollen als noch vor zwanzig Jahren. Damals hatten viele meiner Schauspielkolleginnen damit zu kämpfen, dass sie die Rollen der leidenschaftlichen Liebhaberin oder der dynamischen Karrierefrau nur bis vierzig bekamen, dann zwanzig Jahre lang in farblosen Nebenrollen vor sich hinsiechten und ab sechzig wieder Rollenangebote für zerstreute Großmütterchen oder trutschige Tanten erhielten. Wir erschrecken auch nicht mehr, wenn uns auf dem Cover eines Magazins eine Frau über fünfzig entgegenlächelt, und auch über die Laufstege bekannter Designer:innen walken inzwischen immer mehr Best-Agerinnen. Genau das habe ich ja erst 2023 in Mailand gemacht.

Das alles zeigt aber auch sehr gut, dass die Akzeptanz der Ü50-Frau oft nur an ihrer Attraktivität festgemacht wird. Wenn das Aussehen aus irgendwelchen Gründen (zu dick, zu dünn, zu faltig) plötzlich nicht mehr der gesellschaftlichen Attraktivitätsnorm entspricht, hat sie ihr Ablaufdatum überschritten und findet einfach nicht mehr statt. Nach dem Motto: Du hast mehr Falten als wir Frontallicht? Dann musst du leider ins Radio. Bei Männern ist das natürlich mal wieder anders. Da kommst du dann auf die Liste der „Hot Old Actors". Merkst du was? Ist Hollywood immer noch ein „Country for Old Men"? Ja, definitiv. Haben wir uns daran gewöhnt, dass sehr alte, durchschnittlich attraktive Männer meistens von sehr jungen, überdurchschnittlich attraktiven Frauen angehimmelt werden? Definitiv. Und was passiert, wenn wir es umdrehen, wenn der junge Mann die reife Frau begehrt? Wird dann eine MILF aus ihr?

Und was passiert, wenn diese Frau einfach liebt und verführt, wen sie will, und sich nicht mehr sagen lässt, dass ihre beste Zeit hinter ihr liegt? Dann wird eine SUPERMILF aus ihr!

Ohne Frauen sehen wir alt aus.

Lasst uns mal einen Blick auf die restliche Arbeitswelt werfen: Wie ist es um die Kompetenz der Frau um die fünfzig bestellt? Ich finde, sehr gut. Leider sehen Personaler:innen das oft anders. Altersdiskriminierung ist bei Frauen immer noch ein Riesenthema. Natürlich gibt es auch sehr erfolgreiche Frauen, die in der Lebensmitte auf dem Zenit ihres beruflichen Erfolges stehen, und es gibt immer mehr Frauen auf Vorstandsebene – aber die Realität ist auch: Sehr viele Frauen um die fünfzig verlieren ihre Jobs und finden keine neuen. Warum? Vielleicht, weil jüngere Frauen formbarer sind und sich besser unterordnen? Weil erfahrenere Frauen im Job Strukturen sehr schnell durchschauen und Ansprüche auf Verbesserungen oder gar höhere Positionen erheben könnten? Weil Frauen, die schlau, diplomatisch und womöglich noch attraktiv sind, Männern Angst machen? Wenn du eine ältere Frau bist, wirst du jetzt anerkennend nicken, weil du vielleicht schon ähnliche Erfahrungen gemacht hast. Wenn du eine jüngere Frau bist, kannst du nicht nur zustimmend nicken, sondern sogar selbst etwas gegen Altersdiskriminierung tun: indem du pauschale Aussagen wie „ab Alter xy sind Frauen nicht mehr leistungs- oder anpassungsfähig und weniger fit" nicht mehr zulässt oder sie in deinem Unternehmen und beim Gespräch mit Bekannten entsprechend kommentierst. Denn solche Aussagen sind so genannter „Ageismus" und davon sind Frauen leider besonders betroffen. Ich kann nur sagen: Sei stolz auf dein Ältersein, sei froh um deine Erfahrung, dein Wissen und deine Intelligenz und trag all das wie ein wunderschönes Kleid. Wenn wir alle das tun, kommt Ältersein vielleicht doch noch mal so richtig in Mode.

Muttitasking.

Frauen in ihren Fünfzigern erbringen auf mehreren Baustellen Höchstleistungen: Während sie mit beiden Beinen im Berufsleben stehen, werden die (Schwieger-)Eltern zunehmend pflegebedürftig und die Kinder (falls vorhanden) befinden sich vielleicht gerade zwischen abklingender Pubertät und beginnender Ausbildung. Wenn du früh Mama geworden bist, wirst du in diesem Jahrzehnt eventuell schon Oma und willst dich auch dementsprechend einbringen. Wenn es also hart auf hart kommt, sollst du als Fünfzigerin mehrere Generationen gleichzeitig betreuen und auch deinen eigenen Job noch in Vollzeit machen. Jede dieser Aufgaben ist auf mehreren Ebenen herausfordernd – intellektuell, aber auch emotional. Und ich weiß, dass Care-Arbeit in den wenigsten Fällen richtig wertgeschätzt wird und man nicht darauf hoffen sollte, dass einem eine Beförderung von der Mutter/Köchin/Pflegerin zur Senior Mutter/Köchin/Pflegerin angeboten wird, die mit einem Gehaltssprung und mehr Anerkennung verbunden ist. Überhaupt wären Gehalt und Anerkennung an sich schon mal schön. Wir müssen uns also selbst loben, wertschätzen und vor allem lieben. Unser Leben wird um einiges leichter, wenn wir uns selbst in unserer unperfekten Art und Weise als perfekt ansehen und dafür lieben. Schau mich an: Meine Gedanken sind außer Kontrolle wie eine Horde Justin-Bieber-Fans, ich bin anstrengend, nervig und habe eine Stimme wie jemand, der jeden Morgen zum Frühstück einen Helium-Smoothie trinkt. Aber all das macht mich zu mir. Und dafür bin ich dankbar.

Selbstliebe ist eine wichtige Voraussetzung, um in der zweiten Lebenshälfte voll durchzustarten. Nicht zu verwechseln mit Narzissmus oder Egoismus. Es geht schlicht darum, sich selbst zu akzeptieren, seiner inneren Stimme zu vertrauen und Rücksicht auf die eigenen Bedürfnisse zu nehmen. Zum Beispiel mit diesen Tipps:

Hör dir zu: Belausche dich öfter mal selbst: deine Gedanken, deine Gefühle. Nimm sie an und vor allem ernst. Du kannst sie auch einfach mal laut aussprechen. Muss ja nicht in der vollen Straßenbahn sein, aber so ein Selbstgespräch morgens bei einem Kaffee kann sehr heilsam sein. Viele der besten Gespräche meines Lebens hatte ich mit mir selbst. Wichtig ist dabei nur, dass keiner zuhört und dass aus dem Selbstgespräch kein Selbststreit à la Gollum wird, sondern dass du freundlich und positiv mit dir selbst umgehst.

Entscheide dich für dich: Sei deine allerbeste Freundin! Sei ehrlich zu dir, aber niemals zu hart. Wir neigen dazu, bei anderen großzügig und bei uns selbst gnadenlos zu sein. Schick die Kritikerin in dir in den Ruhestand und gehe liebevoll mit dir selbst um.

Memo an dich selbst: Schreib dir auf, worauf du zuletzt stolz warst. Manche kritzeln ganze Tagebücher voll, ich schreibe mir selbst hin und wieder einen bunten Post-it mit einer positiven Nachricht. Franjo hat mich mal gefragt, ob ich einen Verehrer hätte, einen Zettel-Stalker, und ich habe nur ganz geheimnisvoll geantwortet: „Oh ja, aber he is a she!"

Mehr Me-Time: Plane regelmäßig Dates mit dir selbst ein: ein Wellness-Bad mit Gesichtsmaske, einen Kinobesuch oder eine Pilates-Session. Alles, was dir guttut und was du nur für dich machst, wird dich ein Stück näher zu dir selbst bringen. Ich liebe Yoga und plane mir meine Stunden immer ganz bewusst in den Wochenverlauf ein. Und ich nehme diese Zeit mit mir genauso ernst wie die Zeit mit Freund:innen oder Businesspartner:innen und sage sie nur ab, wenn etwas dazwischenkommt, das sich wirklich nicht verschieben lässt.

Werde zur Nein-Sagerin: Hör endlich auf, andere wichtiger zu nehmen als dich, und fang an, Nein zu sagen. Ich war früher auch einfach zu nett für ein Nein und konnte Menschen selten was abschlagen. Helfersyndrom lässt grüßen. Seit ich älter bin, kann ich besser differenzieren, wo meine Hilfe gebraucht und wertgeschätzt wird und wo ich besser Nein sagen sollte. Stelle deine Bedürfnisse an die erste Stelle. Das beginnt schon damit, dich nicht für Menschen oder Aktivitäten zu verbiegen, auf die du eigentlich keine Lust hast. Sich verbiegen macht auf Dauer ganz krumm und wer krumm ist, steht nicht für sich gerade. Leuchtet irgendwie ein, oder?

Bleib du und sei stolz darauf: Dich ständig mit anderen zu vergleichen, macht dich zu hundert Prozent unglücklich. Denn du wirst sehr schnell feststellen, dass du nicht alles kannst, und gleichzeitig vergessen, zu was du in der Lage bist. Sobald du aber weißt, was du selbst alles kannst und wer du bist, kannst du dich wieder wertfrei vergleichen und wirst dich sogar freuen, dass es Menschen mit anderen Talenten gibt! Ich kann zum Beispiel leider nicht so gut singen, wie ich es gerne können würde. Für „Ritmo de la noche" hat es gereicht, aber eine Ballade über mehrere Oktaven wird es von mir wohl nie geben.

Spieglein, Spieglein ...: Frag dein Spieglein nicht, wer die Schönste, Beste, Tollste im ganzen Land ist, sondern sag es ihm einfach: „Ich bin die Tollste! Ich bin liebenswert! Ich bin ein Geschenk für die Welt." Diese so genannten Spiegel-Affirmationen lassen deine Selbstliebe wachsen. Wenn du noch nicht bereit bist, mit deinem Spiegelbild zu sprechen, lächle dich einfach öfter mal an oder zwinkere dir zu, auch das wirkt Wunder.

Fit bleiben: Für mich gehört zur Selbstliebe auch, dass ich meinen Körper gesund und fit halte. Ich spreche nicht von heftigsten Workouts und Modelmaßen, aber von einem liebevollen und wertschätzenden Umgang mit meinem Körper. Das ist nicht oberflächlich, sondern essenziell, nicht nur in der Lebensmitte. Und es gibt gute Nachrichten zum Thema Stoffwechsel: der macht sich nämlich nicht pünktlich zu deinem vierzigsten Geburtstag auf und davon und kommt nie wieder. Mittlerweile haben Wissenschaftler:innen herausgefunden, dass der Stoffwechsel zwischen dem zwanzigsten und dem sechzigsten Lebensjahr relativ stabil bleibt. Und was man auch noch weiß: bei Frauen, die Sport treiben (auch nur leichten), sind die Beschwerden der Menopause weniger stark ausgeprägt. Genug Gründe, wieder aktiv zu werden oder es auch in der zweiten Lebenshälfte zu bleiben. Wie wäre es mit ein paar Hampelmännern direkt nach dem Aufstehen? Einen für jeden Hampelmann da draußen, der denkt, dass wir Frauen in der Lebensmitte nicht noch superfit sein können!

Mit welchen Stärken starte ich in die zweite Lebenshälfte?

An sich selbst echte Stärken zu benennen, fällt besonders Frauen oft schwer. Da druckst Frau dann rum und nuschelt was von „ich bin ganz nett und okay kochen kann ich auch". Blödsinn. Jede von uns hat echte Stärken. Die sind nur oft unter Selbstzweifeln, Unsicherheiten und fremden Urteilen verschüttet. Höchste Zeit, sie freizuschaufeln und an die Oberfläche zu holen. Du wirst sehen, sobald du deine Stärken benannt hast, werden sie sich auch entfalten. Und du kannst sie immer wieder abrufen.

Eine meiner Stärken ist zum Beispiel, dass ich immer auf Zack bin. Ich habe Energie für zehn und nerve meine ganze Familie damit. Das mag sich jetzt nach einer strapaziösen Angelegenheit anhören und für die Menschen in meinem nahen Umfeld ist es das auch gelegentlich. Aber mein Aufzacksein ist oft Anstoß zu tollen gemeinsamen Unternehmungen oder der Beginn von interessanten Jobs. Mein großer Sohn Diego, der heute 20 ist, meinte zu mir, als ich ihn als 14-Jährigen mit „zackzack" dazu motivieren wollte, die laufende Playstation gegen einen Ausflug ins Grüne einzutauschen: „Mama, du bist nicht auf Zack, du bist der Zack!" Diese Stärke von mir hat also tatsächlich einen Namen bekommen und begleitet mich wie eine Superkraft, die ich jederzeit abrufen kann.

Welche Themen in diesem neuen Lebensabschnitt machen mir Angst?

Angst ist eine von drei Grundemotionen des Menschen und außerdem ein Instinkt, der unser Überleben seit Urzeiten sicherstellt. Dafür erstmal danke, liebe Angst. Ich lebe gerne noch. In der Lebensmitte einer Frau können Ängste überhandnehmen, oft liegt das an Hormonen, und dann wird es problematisch. Dann wird aus einer kleinen Sorge nackte Panik. Ich kenne das übrigens auch: Ein Thema, das mir die ein oder andere schlaflose Nacht bereitet hat, ist der Tod. Nicht mein eigener. Ich hab den Löffel ganz fest in der Hand. Aber der Tod geliebter Menschen. Der meiner geliebten Mamita und meines geliebten Papas, der leider verstarb, als ich mit Diego schwanger war, und keinen meiner Jungs kennenlernen konnte. Aber ich bin dankbar dafür, dass er sich mit Franjo so gut verstand. Meine Mamita ist im Alter von 80 Jahren

nach einem langjährigen Demenzleiden gestorben. Ihre Krankheit war für uns alle sehr belastend, meine Mamita konnte aus diesem Grund nicht bei meiner Hochzeit mit Franjo dabei sein, was mich sehr traurig machte. Ihr Tod riss schließlich ein tiefes Loch in mein Herz. Dieses Jahr verstarb außerdem Franjos Vater im Alter von 79 Jahren. Wir hatten ein tolles Verhältnis, und ich war erneut erfüllt von der Trauer um einen geliebten Menschen. In der Lebensmitte kommen viele von uns erstmals richtig in Kontakt mit dem Tod. Wir erleben die Endlichkeit unserer Beziehungen und erkennen die eigene Sterblichkeit an. Diese Präsenz des Todes lenkt aber auch den Blick auf das Wesentliche und hat mir dabei geholfen, gewisse Dinge und Beziehungen in meinem Leben zu priorisieren. Sie hat meinen Fokus verschoben auf das wertvollste Gut: die Zeit. Wir haben alle nur eine begrenzte Menge davon. Wie ich diese Zeit jedoch nutze, bleibt mir überlassen. Ich für meinen Teil versuche, sie mit Menschen zu verbringen, die mir guttun, und Dinge zu erleben, die mich glücklich machen. Damit ich eines Tages im Angesicht des Todes (ich plane ihn aber frühestens in vierzig Jahren persönlich zu treffen) sagen kann: „Du kannst mich haben, Tod (duzt man den Tod??), ich habe genug er- und gelebt!"
Übrigens bin ich mir im Nachhinein gar nicht sicher, was bei mir zuerst da war: die Angst oder die Schlaflosigkeit. Ein Besuch beim Arzt ergab nämlich zur Zeit meiner Nachtängste einen zu niedrigen Progesteron-Wert. Eine ausgleichende Tablette vor dem Schlafengehen wirkte dann Wunder. Ich schlief durch und verschob meine bangen Gedanken an den Tod auf den nächsten Morgen. Und am nächsten Morgen verjagte ich sie – zackzack – mit ein paar Hampelmännern.

Worauf freue ich mich und welche Träume möchte ich verwirklichen?

Ich möchte unbedingt eines Tages in Los Angeles leben (sorry, Meerbusch). Das ist mein großer Traum für die zweite Lebenshälfte. Rein finanziell habe ich das große Glück, dass ich ihn mir erfüllen könnte. Schließlich habe ich über 25 Jahre hart dafür gearbeitet.
Ich könnte mir also nur selbst im Weg stehen. Mit Gedanken daran, für den Traum Vertrautes aufgeben zu müssen, und meiner Angst davor, mich auf neue Menschen, eine neue Stadt, einen neuen Kontinent einzulassen. Das läge dann daran, dass uns Beständigkeit Halt gibt. Routinen geben uns das Gefühl, sicher zu sein. Wir denken, dass wir die Dinge im Griff haben. Aber etwas im Griff zu haben heißt ja auch, dass wir die Griffel nicht frei für Neues haben. Aber dann müssen wir das tun, was vielen von uns besonders schwerfällt: Loslassen. Das Gute ist, dass wir das Loslassen in der Lebensmitte sehr gut trainieren können, denn an Gelegenheiten mangelt es nicht: sei es das Loslassen der Eltern, das Loslassen der aktiven Mutterrolle, wenn die Kids flügge werden, oder das Loslassen von Partnerschaften, die man nicht selten an diesem Punkt im Leben kritisch hinterfragt. Natürlich will man das alles nicht loslassen, und es liegt auch gar nicht in unserer Natur, es zu tun. Ich habe mal eine Doku gesehen, in der ein Wissenschaftler davon sprach, dass wir Menschen uns bei drohender Veränderung „anklammern", so wie Babys das bei ihren Eltern tun. In dem Moment wird unser Bindungssystem aktiviert. Das ist übrigens der Grund, warum viele Menschen eine Abschiedsparty machen, bevor sie sich auf eine Weltreise begeben, oder einen Junggesell:innenabend schmeißen, bevor sie heiraten. So ein Fest befriedigt unseren inneren Ur-Wunsch danach, dass alles so bleiben soll, wie es gerade ist. Nur,

wenn alles so bleibt, wie es ist, können wir unsere Träume eben nicht verwirklichen. Wir haben also die Wahl: anklammern oder loslassen. Man muss ja nicht gleich alles ziehen lassen, nur das, was einen davon abhält, seine Träume zu verwirklichen. Auch ich lasse nicht alles stehen und liegen, wenn ich eines Tages nach Los Angeles gehe. Ich zum Beispiel packe meinen Koffer und nehme mit: Neugier, Optimismus, Offenheit, meinen kleinen Roccolito (wenn er dann noch will) und meinen großen Franjo (ob er will oder nicht). Und ich lasse los: meine gewohnte Umgebung, die Annahme, dass ein Haus ein Zuhause ist, und viele Karrierechancen in Deutschland.
Du siehst also, du musst nicht alles loslassen. Und man muss für seine Träume auch nicht zwangsläufig das Land verlassen. Aber vieles, das wir loslassen, schafft Platz für Neues. Vielleicht helfen drei Fragen dir dabei zu entscheiden, ob du eine Situation oder eine Beziehung wirklich loslassen solltest:

* Trete ich in dieser Sache schon länger auf der Stelle?
* Wenn ich an die Sache denke – bin ich dann entspannt oder chronisch angespannt?
* Wieso mache ich weiter?

Let it go. Und dann go with the flow.

Die Superkräfte jeder SUPERMILF:

Eine echte SUPERMILF liebt sich selbst.
Sie hat die Fahrwasser verlassen, in denen sie Jahrzehnte lang mitgeschwommen ist. Sie funktioniert nicht mehr fremdbestimmt. Sie stellt die Bedürfnisse anderer nicht mehr vor die eigenen. Sie fragt

nicht mehr „Kann ich noch was für dich tun?", sondern endlich: „Was kann ich für mich tun?" Sie stellt die Weichen neu und hat ab sofort folgende Grundsätze:

1. Ich mach mir die Welt, wie sie mir gefällt.

Pippi Langstrumpf musste nicht erst vierzig werden, um das zu begreifen. Die SUPERMILF ist nicht mehr „anpassungsfähig", nicht mehr „pflegeleicht". Sie hört auf, sich für die Welt da draußen zu verändern, und verändert lieber die Welt um sich herum.

2. Auch eine SUPERMILF stirbt. Aber vorher lebt sie, und zwar so richtig.

Ab sofort gilt: YOLO (you only live once) und hMgdl (ich hab MICH ganz doll lieb). Im Angesicht der eigenen Endlichkeit dreht die SUPERMILF endlich auf. Das heißt nicht, dass du sieben Tage die Woche in den Club gehen musst. Aber du solltest sieben Tage die Woche der Türsteher deines eigenen Lebens sein und ganz bewusst auswählen, wen oder was du da reinlässt: „Sorry, schlechte Laune, nicht mit dem Gesichtsausdruck." Oder: „Entschuldige, du Freund, der schon lange keiner mehr ist, ab sofort ist der Laden hier nur noch für Menschen mit guten Vibes offen."

3. Innen hui.

Außen auch. Aber die inneren Werte prägen das Leben der SUPERMILF. Und wenn du dein Leben nach deinen Werten ausrichtest, kann das der Schlüssel zu einem positiveren Lebensgefühl sein. Es gibt viele Dinge im Leben, die uns Freude machen, aber richtig erfüllt und nachhaltig zufrieden fühlen wir uns erst, wenn unsere Aktivitäten und unser Lebensstil unseren inneren Werten entsprechen. Ein Beispiel: Ein Abendessen mit meinen Freundinnen macht mir immer Spaß, es hat aber für mich noch eine wichtige andere Ebene. Ich spüre Verbundenheit und Freundschaft, Werte, die mir wichtiger sind als Gemütlichkeit auf meinem Sofa. Und deshalb entscheide ich mich regelmäßig für Momente und Situationen, in denen ich Verbundenheit erleben kann. Eigentlich ganz einfach, sofern du weißt, was dir wirklich wichtig ist!

4. Frau am Steuer – ungeheuer gut.

Die SUPERMILF sitzt selbst auf dem Fahrersitz ihres Lebens. Und sie verringert hier und da das Tempo. Früher ist sie von KITA zu Meeting zu Supermarkt zu Arzttermin gerast, jetzt schaltet sie ganz bewusst einen Gang runter. Sie weiß, dass Zeit das Wichtigste auf ihrem Konto ist und geht weniger verschwenderisch damit um. Vor allem aber lässt sie sich nicht länger ihre Zeit stehlen, nicht von vermeintlich wichtigen Menschen und wichtigen Treffen, nicht von unwichtigen Alltagserledigungen, nicht vom inneren Schweinehund, nicht vom Internet, nicht von irrelevanten Gesprächen. Sie gibt lieber ein bisschen mehr Zeit für sich selbst aus.

5. Träume werden nicht alt.

Die SUPERMILF erfüllt sich Wünsche. Klar, für eine sehr erfolgreiche Primaballerina-Karriere ist es vielleicht zu spät, aber dann nimmt sie eben Tanz-Unterricht und schraubt sich eine Ballettstange ins leere Kinderzimmer. Sie verbannt den Satz: „Wenn ich noch mal jung wäre, dann würde ich ..." aus ihrem Repertoire, zusammen mit allem, was sie in dem Glauben lässt, zu alt für irgendwas zu sein. Die SUPERMILF holt ihre Träume jetzt aus der Nachttischschublade und erfüllt sie sich. Ohne jedes Wenn und Aber.

6. Alles geht, nichts muss.

Die SUPERMILF probiert alles, worauf sie Lust hat, aber sie ist nie verbissen und angestrengt. Die neue Leichtigkeit, die neue Entspanntheit, die mit der Lebensmitte Einzug gehalten hat, hilft ihr, mit sich selbst viel liebevoller und selbstbewusster umzugehen, als sie es vorher vielleicht getan hätte. Mein persönliches Motto für die erste Lebenshälfte war „geht nicht, gibt's nicht", seit ein paar Jahren habe ich es in „alles geht, nichts muss" umgewandelt. Und ich muss sagen: selbst wenn noch alles gehen würde, ist es trotzdem beruhigend zu wissen, dass es das nicht mehr muss. Und dass ich einzig und allein selbst bestimme, was geht und was nicht.

7. Die SUPERMILF kann loslassen.

Die SUPERMILF nutzt die Lebensmitte dazu, alte Muster und Werte radikal zu überprüfen. Und was nicht mehr passt, lässt sie los. So hat sie beide Hände und den Kopf frei für bisher zurückgedrängte Bedürfnisse. Sie entfaltet sich. Sie wird ein Schmetterling. Übrigens ist die Entwicklung der Raupe zum Schmetterling ähnlich rätselhaft wie die Metamorphose in der weiblichen Lebensmitte. Und sie kann auch ähnlich befreiend sein. Die SUPERMILF wird ein wunderschöner Schmetterling und ist endlich keine Puppe mehr.

Kapitel 2

Sei der hellste Stern der MILF-Straße. Wie dir das Universum dabei helfen kann.

„Und??? Wie fühlst du dich?"
Diese Frage wurde mir auf der Party anlässlich meines fünfzigsten Geburtstags so unglaublich oft gestellt, dass ich schon beinahe dachte, ich hätte nicht Geburtstag, sondern eine unheilbare Krankheit. Die Tonlage des tiefsten Bedauerns, in der die Frage gestellt wurde, löste bei mir das Gefühl aus, dass der körperliche Verfall nun in Nullkommanix meinen jugendlichen Leib demontieren und mich über Nacht in achthundert Falten werfen würde.
Ich weiß auch noch, dass ich aufgrund dieser unangenehm häufig gestellten Frage am Morgen nach meinem Geburtstag die Augen ganz vorsichtig öffnete und etwas bang an mir heruntersah. Und – O mein Gott! – tatsächlich, meine Hand war ganz faltig. Ein zweiter Blick stellte klar: Puh, doch nicht, das war Franjos Pfote. Ich überprüfte schnell, ob alles andere auch noch da war, wo es sein sollte: Test, Test, Erinnerung noch am Start? Zähne noch fest in der Kauleiste? Brust noch im oberen Stockwerk?
Alles war tippitoppi.
Ich war beruhigt. Seitdem ignoriere ich die Frage danach, wie ich mich aufgrund von irgendeiner Zahl in meinem Personalausweis fühle. Alter ist eine Frage der Haltung, und meine ist: Brust raus, Schultern zurück und das Leben in jedem Lebensalter lebendig leben.

An dieser Stelle möchte ich mal ein paar Vorteile aufzählen, die das Älterwerden in der Lebensmitte für die SUPERMILF bereithält. Über die sprechen wir nämlich auch viel zu wenig.

1. Die SUPERMILF ist supergelassen.

Ihre Lebenserfahrung hilft ihr dabei, alle möglichen Situationen entspannt und (wie sagt man in der Politik so schön) „besonnen" zu meistern. Auch in Bezug auf die Themen Gesellschaft und Sexualität gilt in der Lebensmitte das Motto: „Kommste heut nicht, kommste morgen."

2. Die SUPERMILF entscheidet selbst,

welche Wechseljahrsbeschwerden sie hat. Niemand redet es ihr ein. Sie kann Pech haben und wie ein Drittel aller Frauen symptomatisch auf die Hormonumstellung reagieren – sie kann aber auch wie ein weiteres Drittel symptomfrei bleiben oder wie das letzte Drittel nur ganz leichte Beschwerden haben. Das Wichtigste ist: sie geht unvoreingenommen an die Sache ran und lässt sich nicht von scheinbar allgemeingültigen Annahmen beeinflussen.

3. Die SUPERMILF achtet (auf) sich.

Es gibt ja Menschen, die gehen zehn Jahre nicht zum Arzt und wollen dafür noch Applaus. Von mir gibt's dafür ein lautes „Buuuuh!". Ich applaudiere lieber denjenigen, die regelmäßige Gesundheitschecks machen. Gerade in der Lebensmitte sind die nämlich echt wichtig. Darmspiegelung, Mammographie, Krebstests. Klingt nicht nach einer Einladung zur hippsten Feier der Stadt, sorgt aber dafür, dass du solche Feiern in Zukunft noch lange besuchen kannst.

4. Die SUPERMILF hat genug geblutet.

Sie hat vielleicht ihre Tage nicht mehr, aber dafür „the best days of her life". Wenn du mich fragst, genieße ich es wirklich, nicht mehr einmal im Monat zu menstruieren, Kopfschmerzen und Stimmungsschwankungen zu haben und mir im Schwimmbad Gedanken zu machen, ob aus meinem Badehöschen eine Schnur rausbaumelt wie aus einem dusseligen Hampelmännchen.

Was wir in der Lebensmitte brauchen: positive Vibes.

Ich habe das Glück, dass ich von Haus aus eine extrem positive Lebenseinstellung mitbringe und mir schon seit meiner Kindheit die Zukunft in den buntesten Farben ausmale. Ich ziehe (beinahe) nie in Erwägung, etwas nicht zu schaffen, und gehe erstmal davon aus, dass es alle Menschen gut mit mir meinen. Das ist nicht naiv, sondern optimistisch. Ich wittere einfach nicht hinter jeder Tür das Böse, und wenn es doch da ist, schlage ich sie einfach schnell zu und nehme die nächste. Inzwischen haben Forscher:innen herausgefunden, dass positive Menschen nicht nur erfolgreicher, sondern auch gesünder sind und eine bis zu fünfzehn Prozent höhere Lebenserwartung haben. Außerdem sind sie glücklicher und führen stabilere Beziehungen. Wenn das mal nicht genug Gründe dafür sind, an deiner inneren Einstellung zu arbeiten.

Wie auch du der hellste Stern in der MILF-Straße wirst.

Folgende Situation kennst du sicher auch: Eine Freundin von dir ist schwanger, die Schwangerschaft ist Thema im Freund:innenkreis und plötzlich siehst du überall nur noch Schwangere?
Oder: Du hast schlecht geschlafen. Dann ist es auch noch grau draußen. Und dass du dir dann noch den Kopf stößt, war ja klar.
Alles Beweise dafür, dass deine Gedanken das beeinflussen, was du siehst und tust. Die Rechenart, die man eigentlich viel dringender in der Schule lernen sollte als Wurzelziehen, wäre also:

Gleiches zieht Gleiches an.

Und wie kann ich möglichst viel Gutes anziehen? Indem ich genau daran denke. Visualisieren ist das Zauberwort. Das bedeutet, etwas mithilfe der Vorstellungskraft zu erschaffen.
Viele von uns nutzen diese Kraft unbewusst und leider auch falsch. Wir sind gerade in der Lebensmitte oft voller Ängste und Zweifel und malen diese in den düstersten Farben, bis sie zu Überzeugungen werden und schließlich zur Realität.
Jede von uns kann aber durch bewusstes Visualisieren positiver Dinge diesen Teufelskreis durchbrechen: Denn das psychische Universum ist Energie, Energie ist magnetisch und zieht genau das an, worüber du am meisten nachdenkst. Klingt einfach und das ist es auch. Richtiges Visualisieren kann zum Beispiel so ablaufen: Wünsch dir etwas (fang nicht gleich mit dem Porsche an, sonst ist Enttäuschung vorprogrammiert) und frage dich, welches Gefühl du dir dadurch erhoffst.
Dann male dir das Gewünschte richtig bunt und schön aus: was siehst du, was schmeckst du, was riechst du und was fühlst du, wenn du

das Gewünschte erreicht haben wirst? Sei schon in diesem Moment dankbar für das Gewünschte, so als wäre die Vorstellung bereits die Realität, und wiederhole die Visualisierung so oft wie möglich. Versuch es einfach mal.

Ich zum Beispiel gehe davon aus, dass Frauen in der Lebensmitte besonders attraktiv und wertvoll sind. Und ich ziehe diese Frauen magisch an. Mein Freund:innenkreis besteht nicht nur aus Männern und Frauen, die in der Lebensmitte sind. Aber alle Frauen, die es sind, sind in meinen Augen echte SUPERMILFs. Und wenn mir neue Frauen in diesem Alter begegnen, finde ich sofort Eigenschaften an ihnen, die extrem supermilfig sind. Alles, weil ich den ultimativen SUPERMILF-Tunnelblick habe und nichts Negatives oder Gegenteiliges in mein Sichtfeld lasse.

Es gibt übrigens ganze Bücherregale und Millionen von Einträgen im Internet, die sich mit dem Thema Visualisierung und Manifestation sehr detailliert auseinandersetzen. Ich habe weder ein Buch darüber gelesen, noch möchte ich eins darüber schreiben, ich bin eine intuitive Visualisiererin. Ich habe schon lange, bevor es so viel Literatur darüber gab, in meinem Kopfkino die schönsten Filme mit mir in der Hauptrolle laufen lassen. Filme über eine tolle TV-Karriere, romantische Liebesfilme mit einem super Mann und Familienkomödien, die einfach glücklich machen. Hat geklappt. Meine innere Einstellung zu Stationen und Ereignissen in meinem Leben hat die Aufmerksamkeit auf die richtigen Dinge gelenkt.

Es gibt inzwischen zahlreiche medizinische Studien, die belegen, dass der so genannte „innere Arzt" einen großen Anteil an der Heilung diverser Krankheiten von Alzheimer bis Krebs haben kann. Der innere Arzt ist deine positive Einstellung, dein Glaube an Heilung und deine stetige Vision von dir selbst als vitale Person. Das Einzige, was ich dazu anmerken möchte: es heißt „innere Ärztin"!

Werde zur optimistischen SUPERMILF mit diesen zwei praktischen Tricks:

1. **Mach dir die Taschen voll.**

Mit zehn einzelnen Cent-Münzen. Alle in die rechte Hosentasche. Wann immer du einen positiven Moment hast, wechselt eine Münze von der einen auf die andere Seite. Durch deine Hand natürlich – Optimismus ist ja keine Zauberei. Am Abend ziehst du Bilanz und lässt die schönen Momente Revue passieren. Es können ganz kleine Sachen sein, wie eine nette Begegnung, eine unverhoffte Umarmung deines Kindes, dass dein Hund gut bei Fuß läuft, ein erfolgreicher Termin oder eine staufreie Fahrt zum Arzt. Du wirst sehen: je öfter du diese kleinen Momente bewusster wahrnimmst, desto mehr davon werden dir begegnen, und zehn Münzen werden schnell nicht mehr ausreichen.

2. **Spickzettel erlaubt.**

Ich habe noch einen Trick, den ich wirklich oft anwende und der bei mir immer funktioniert, wenn ich im Alltag mal im Sog schlechter Gedanken bin: Ich male mir einen Smiley auf den Handrücken, auf die breite Stelle zwischen Daumen und Zeigfinger. Dieses kleine, einfache Grinsegesicht aus zwei Augen und einem Mund erinnert mich den ganzen Tag daran, mich auf das Positive in meinem Leben zu konzentrieren, mehr zu lachen und mich weniger zu ärgern oder ärgern zu lassen. Also Stift raus und Smiley auf die Hand gemalt. Hebt garantiert die Laune und hilft dir vielleicht auch dabei, das Gute in deinem Leben zu visualisieren und so noch viel mehr davon zu bekommen.

Apropos smile:

Humor ist, wenn man trotzdem lacht.
Humorvolle Menschen wie ich können auch in Situationen lachen, die auf den ersten Blick gar nicht eindeutig zum Lachen sind. Beispiel: Ich gehe mit meinen Jungs spazieren, stolpere in meinen High Heels über eine Stufe im Hotel, in dem ich gerade mit Franjo und Diego auf dem Weg zu einer Veranstaltung bin, und falle auf den Po, ohne mir wirklich wehzutun. Aber lustig sah es vermutlich trotzdem aus. In dem Moment habe ich die Möglichkeit, die Stufe zu verfluchen und meine Jungs gleich mit dazu, die lachen sich nämlich garantiert schlapp: „Mama wieder ..." – Oder ich lache einfach mit, über mich und meine Tollpatschigkeit, und freue mich gleichzeitig, dass ich noch lebe bei all den Stürzen, die ich schon aufs Parkett, den Asphalt oder sonst wohin gelegt habe.

Humor ist die Bereitschaft, eine Situation positiv zu sehen. Natürlich liege ich nicht auf der Straße und überlege erst, ob ich lachen oder weinen soll, ich entscheide mich meist fürs Lachen, weil ich mich von Ärger und Frust nicht vereinnahmen lasse. Viele meiner besten TV-Momente sind aus dieser Eigenschaft entstanden. Weil ich das Talent besitze, über mich selbst zu lachen. Das bedeutet nicht, dass man nur noch über sich selbst Witze machen soll, aber in gewissen Situationen kann Lachen entspannen, entschärfen und auflockern.

Und Lachen ist die beste Medizin. Das sagt nicht nur der Volksmund, sondern auch meiner. Lachen stärkt das Immunsystem, es macht glücklich, mindert Stress und wirkt im Körper wie ein ganz sanftes Ausdauertraining. Wer jetzt denkt: „Ja, wunderbar, dann setz ich mich heute einfach eine halbe Stunde ins Fitnessstudio und lache anstatt zu trainieren!", dem muss ich sagen, dass Muskeln und Kalorienverbrauch durch reinen Frohsinn allein leider noch nicht stimuliert werden!

Lachen macht sexy.

Vor allem in der Lebensmitte. Niemand will sich mit Menschen umgeben, die nur am Jammern sind. Das heißt nicht, dass im Gespräch mit guten Freundinnen nicht auch Sorgen ihren Platz hätten. Aber im Alltag hast du in fast jeder Situation die Wahl: jammern oder drüber lachen. Die SUPERMILF lacht sich durch die Lebensmitte und zieht damit andere in ihren Bann. Ganz nebenbei tut sie etwas für ihre psychische Widerstandskraft, auch Resilienz genannt. Und die brauchen Frauen in dieser Lebensphase ganz besonders. Also lache! Gönn deinem Körper die Extraportion Glückshormone, die mit jedem Kichern und Grinsen durch dich hindurchflutet. Ich selbst war noch nicht beim Lachyoga, aber das könnte durchaus eine Sportart sein, in der ich sehr gut bin. Ich liebe Yoga und ich liebe Lachen. Wer weiß, vielleicht siehst du mich demnächst bei Instagram ja im „sich kaputtlachenden Hund".

Das Glück ist ein U.

Forscher:innen sagen, dass unser Lebensglück eine Kurve macht. Wir sind in den Zwanzigern und Dreißigern damit beschäftigt, uns voller Tatendrang etwas aufzubauen, das uns dann sehr glücklich macht. Anschließend fällt die Kurve in der Lebensmitte steil ab, das ist die Zeit, in der wir oft verbissen das erhalten und verteidigen wollen, was wir uns bis dato aufgebaut haben. Außerdem sorgen körperliche Veränderungen dafür, dass wir uns plötzlich alt fühlen, und das in einer Gesellschaft, in der das Altern an sich als etwas Schlechtes angesehen wird. Also hadern wir mit Falten und klammern uns an bisher Erreichtes, ob es uns nun guttut oder nicht. Das machen wir bis zur Unglückseligkeit, bevor wir ab sechzig den inneren Frieden des Ankommens spüren und wieder glücklich sind. Sagen Forscher:innen.
Ich sage etwas anderes. Mach aus dem U ein Wuuhuu. Lass nicht zu, dass du in der Lebensmitte in das Glück-U irgendwelcher Forscher:innen rutschst. Erforsche lieber dich selbst, finde heraus, was dich glücklich macht, und dann hol es dir.

Aus der Mitte des Lebens entspringt ein Glücksfluss:

Glück bedeutet für jeden etwas anderes und es verändert sich in jeder Lebensphase. Als Kind war für mich der größte aller Glücksfälle, wenn man mich vor dem Fernseher vergaß und ich das tun konnte, was heutzutage alle tun: bingen – also glotzen ohne Ende.
Mit zwanzig war mein größtes Glück, mit meinen beiden besten Freundinnen den Nachtbus nach Hamburg zu nehmen und meine zwanzig

Mark für Drinks und den Disco-Eintritt rauszuhauen. Damals kam man mit zwanzig Mark noch richtig weit. Und doch war das, woran ich mich heute erinnere, mit keinem Geld der Welt zu bezahlen: unbeschwerte Abende, die vor dem Kleiderschrank begannen, wo wir uns nach allen Regeln der 90er in Schale schmissen, und an der Bushaltestelle endeten, an der wir meist frierend saßen und auf den Bus nach Hause warteten. Aber kalt war uns nie, denn das Glück wärmte uns von innen.
In den Dreißigern kam mein kleiner Diego auf die Welt, ein Glück, das nicht mal ich in Worte fassen kann, und das will etwas heißen. In dieser Zeit erlebte ich viele Arten von Glücksmomenten. Ich war überall dort angekommen, wo ich ankommen wollte – sowohl als Ehefrau bei Franjo und Mama von Klein-Diego als auch in der deutschen TV-Landschaft. Ich hatte eigene Shows und viele tolle Werbeverträge und empfand diese Mischung als großes Glück.
In den Vierzigern wurde mir erstmals so richtig klar, dass Glück niemals selbstverständlich ist. Franjo und ich haben uns damals entschlossen, noch einmal Eltern zu werden. Doch es klappte einfach nicht, so wie wir es uns wünschten. Mein Frauenarzt stellte schließlich fest, dass mein Anti-Müller-Hormon-Wert (Abkürzung: AMH) zu niedrig war. Das AMH hilft den Eisprüngen quasi auf den Sprung. Hast du zu wenig davon, springt auch nichts. Da kannst du selbst im Bett herumspringen, so viel du willst. Im ersten Moment konnte ich nicht glauben, dass es meinem Körper an irgendetwas fehlen sollte. Ich war schließlich mit dem Zahnfleisch und der Haut einer 20-Jährigen gesegnet, so gut wie nie krank und fühlte mich beinahe schon von meiner eigenen Gebärmutter vor den Kopf gestoßen. LMAA, AMH! Eine Hormontherapie brachte dann den entscheidenden Erfolg und ich wurde mit einundvierzig noch einmal schwanger. Ich war in diesem Moment nicht nur dankbar, sondern auch demütig, denn zum ersten Mal wurde mir klar, dass Glück nicht selten ein durch einen günstigen Zufall erreichter Erfolg ist. Und da-

mit auch ein bisschen Schicksal. Und damit noch viel wertvoller. Seither sind meine Glücksmomente immer mit großer Dankbarkeit verbunden. In meinen Vierzigern bestand Glück also vor allem aus Momenten, in denen ich einfach demütig und dankbar für alles war, das mir das Schicksal beschert hatte (und die AMH-Pille): meinen kleinen Roccolito, die Tatsache, dass ich in einem freien Land lebte und gesund war, morgens mit Franjo aufzuwachen und Abende mit echten Freund:innen. Was nicht heißen soll, dass ich in meinen Vierzigern nicht gearbeitet hätte. Meine Arbeit gehörte immer zu meinem Leben dazu und hat stets großen Anteil daran, wie wohl ich mich fühle. Trotzdem habe ich nach Roccolitos Geburt eine Auszeit genommen. Nach fünfzehn Jahren hatte ich das Bedürfnis, ein Jahr ganz bewusst für die Familie da zu sein, Jobs auch abzusagen und dafür lieber mit einem Säugling die Bambi-Verleihung vom Sofa aus anzuschauen. Diese Momente bereue ich keineswegs, ich konnte jeden davon sehr genießen. Nach dem Jahr kehrte ich energiegeladen und erfolgreich zurück. Seitdem habe ich keine Pause von diesem Mix aus Berufs- und Privatleben gemacht, den ich sehr liebe. Und von dem ich sicher bin, dass er mich jung hält. Ich empfinde heute so viel Glück wie selten zuvor in meinem Leben, tiefe Freude über meine bloße Existenz, großes Glück dank meiner Familie, meiner Kinder, die artig groß werden, und meines Ehemannes, der immer noch großartig ist.

Und ich möchte, dass andere Frauen in der Lebensmitte ihr Glück ebenfalls erkennen. Und dass alle da draußen endlich verstehen, dass Menschen im Allgemeinen kein gesellschaftliches „Verbrauchsdatum" haben und Frauen schon gar nicht. Damit das auch alle Männer verstehen, sag ich es noch mal in einer Fußballmetapher: Wer die Lebensmitte erreicht, hat die erste Halbzeit hinter sich gebracht. Aber in der zweiten wird das Spiel entschieden.

Also Team SUPERMILF, noch ist hier gar nichts abgepfiffen!

Lucky me – wie du zur superglücklichen SUPERMILF wirst.

Glück hängt auch von äußeren Umständen ab, aber das Gute ist: die machen nur zehn Prozent aus. Wie glücklich wir uns fühlen oder wie wir die Umstände betrachten, ist zu fünfzig Prozent genetisch bedingt. Das will heißen: manche von uns finden einfach das Haar in jeder Suppe, die anderen schauen gar nicht jeden Löffel so genau an, weil sie den guten Geschmack und die schöne Aussicht beim Essen genießen. Das können wir kaum beeinflussen, aber die restlichen vierzig Prozent haben wir zum Glück selbst in der Hand. Jede von uns. Auch die mit den Haaren am Tellerrand.

Glück ist wie ein Hochzeitskleid.
Unglücklich wird nur die, die sich ins fremde Kleid quetschen will.

Werde deine eigene Glückfluencerin:

Finde schnellstmöglich heraus, was dich glücklich macht. Es gibt einige Faktoren, die das Glück vieler Frauen in der Lebensmitte positiv beeinflussen. Wichtig ist, dass du dich auf das konzentrierst, was in dir selbst die stärksten Glücksgefühle auslöst. Laut Glücksforscher:innen beeinflussen folgende Kriterien das Wohlbefinden positiv:

* Physische und psychische Gesundheit machen glücklich. Und Glück macht wiederum nachgewiesenermaßen gesund. Ein positiver Teufelskreis also! Einer der größten negativen Faktoren für unsere Gesundheit ist Stress. Wenn du dazu neigst, schnell gestresst zu sein oder sogar unter chronischem Stress

leidest, empfiehlt es sich, dieses Thema als Erstes anzugehen, zum Beispiel indem du noch einmal meine Tipps für eine positive Lebenseinstellung liest. Die fördert nämlich ganz sicher deine Gesundheit. Oder du liest gleich weiter und findest auf den nächsten Seiten noch ein paar Tipps zum Stressabbau.

* Persönliche Freiheit: Richte dein Leben endlich so ein, wie du möchtest, mach, was du willst und mit wem, und bleib flexibel. Diese Unabhängigkeit stärkt und schützt dein Glück.

* Liebevolle Beziehungen aller Art machen glücklich und gesund. Hier zählt, anders als bei Schuhen, „Qualität statt Quantität". Lieber ein Täschchen weniger enger Vertraute als einen Sack voll flüchtiger Bekanntschaften. Ich selbst habe drei beste Freundinnen, die ich hege und pflege, dazu kommt noch meine Familie und ich kann mich in jeder Lebenslage fallen lassen wie eine Hochseilartistin mit doppeltem Boden.

* Finanzielle Sicherheit macht entspannt. Und Entspannung macht glücklich. Ich will an dieser Stelle ein Plädoyer dafür halten, sich als Frau finanziell unabhängig zu machen. Es gibt immer noch zu viele von uns, die in einer Partnerschaft leben, in der sie um ihr Haushaltsgeld bitten müssen. Die SUPER-MILF sieht zu, dass sie immer ihr eigenes Sparschwein hat – das bringt nämlich in jedem Fall Glück!

Achtung, fertig, achtsam! Oder To-do: Nothing.

Wir hatten es ja schon vom Stress und der Hektik der Lebensmitte. Unsere zahlreichen Rollen als Frau führen dazu, dass wir montags schon eine To-do-Liste für die ganze Woche anlegen, jeden Abend darüber nachdenken, was wir selbst und alle anderen Familienmitglieder am nächsten Tag erledigen müssen, und eigentlich nie mit dem Kopf in dem Moment sind, in dem sich unser Körper gerade befindet. Ist doch klar, dass das auf Dauer zu einer Art Jetlag führt.
Im Gegensatz dazu ist Achtsamkeit ein Zustand bewusster Geistesgegenwart, in dem sich alle deine Sinne auf den Moment konzentrieren und du deinen Alltag entschleunigst. Die bekannteste Form der Achtsamkeitspraxis ist die Meditation. Wer denkt, dass einfach nur auf einem Orient-Puff sitzen und Nichtstun ja so schwer nicht sein kann, darf es gerne mal ausprobieren. Ich sag nur vorweg: es ist eine Kunst. Richtiges Meditieren will gelernt sein und ich habe definitiv kein Talent dafür. Mein Sitzfleisch ist nämlich eher ein hauchdünn geschnittener Hinterschinken. Aber ich habe trotzdem ein paar Tipps, wie du Achtsamkeit ganz einfach im Alltag üben kannst.

Mach mal Pause:

Halte mehrmals am Tag inne. Eine Minute reicht schon. Richte deine Aufmerksamkeit auf deinen Körper und achte einfach nur auf deine Gefühle. Ganz wertfrei und liebevoll. Welche Emotionen sind gerade in dir? Wie geht es deinem Körper? Das In-dich-hineinhören mag am Anfang seltsam sein, du wirst aber ganz sicher besser darin.

Geh mal (in dich):

Gehe bewusst. Fokussiere dich auf jede deiner Bewegungen. Wir laufen so intuitiv, dass wir unseren Körper dabei gar nicht mehr wahrnehmen, aber genau darum geht es bei dieser Übung. Dein Geist wird natürlich versuchen, andere Wege zu nehmen und deinem Körper davonzulaufen, durch ein bewusstes Fokussieren deiner Körperbewegungen kannst du ihn aber immer wieder einfangen und die Zeit der Gehmeditation in absoluter innerer Stille genießen. Wenn du auch Stille von außen suchst, kannst du in die Natur gehen. Ich mag an dieser Übung aber besonders, dass man sie so gut in den Alltag integrieren kann, denn gehen müssen wir ja sowieso. Du kommst also voran, läufst aber gleichzeitig mit jedem Schritt ein bisschen mehr ins Hier und Jetzt und zu dir selbst. Gehmeditation ist übrigens eine jahrhundertealte Übung, die schon von buddhistischen Mönchen praktiziert wurde. Dass die allerdings auch in High Heels gegehmeditiert haben, wage ich zu bezweifeln.

Mahlzeit mit Zeit:

Jede Mahlzeit eignet sich für diese Übung. Ähnlich wie beim Gehen haben wir das Essen, Kauen, Schlucken in unserem Alltag total automatisiert. Nicht selten ziehen wir uns dabei auch noch Fernsehen oder Social Media rein oder essen sogar im Gehen. Deshalb lass dir mal wieder ganz bewusst Zeit, schon vor der Mahlzeit in dich reinzuspüren: Bist du hungrig? In welcher Stimmung bist du heute? Schau dir dein Essen an, rieche daran und schmecke es intensiv auf deiner Zunge, am Gaumen. Wie ist die Konsistenz, ist es warm oder kalt? Wenn du es schaffst, die ersten fünf Bissen jeder Mahlzeit so zu dir zu nehmen, dankt dir nicht nur der Küchenchef (also meistens du selbst), sondern auch deine eigene Psyche.

Danke für alles.

Diese Übung kannst du, so wie ich das beinahe täglich tue, abends vorm Schlafen ganz einfach durchführen. Geh deinen Tag noch mal in

Gedanken durch und überlege, was dich bewegt hat und für welche Erlebnisse und Menschen du heute dankbar warst. Wenn du ganz fest an diese Dinge denkst, werden dir die Dinge auch in Zukunft viel öfter begegnen. Das Prinzip kennen wir ja bereits. Danke sagen ist nämlich magisch oder besser gesagt: magnetisch!

Achtung, blendend! Die Ausstrahlung der SUPERMILF.

Wenn du nur ein Drittel von dem beherzigst, was wir bisher besprochen haben, wirst du von innen heraus so hell leuchten, dass nicht nur bei deinem Mann alle Lampen angehen. Wahre Schönheit kommt nämlich wirklich von innen. Wahre Aura ist wie eine Glühbirne: sie verhilft dir zu einer Präsenz, die Äußerlichkeiten überstrahlt, und gibt dir den ultimativen Glow. Besonders Menschen, die dich schon ewig kennen, werden diesen neuen Glanz bemerken und dich noch schöner finden. Bei neuen Bekanntschaften greift leider ein uraltes, von uns selbst gemachtes Programm und wir springen zunächst auf äußere Schönheit an. In unserem Kulturkreis gibt es zurzeit einen Grundkonsens, was Attraktivität bei Frauen angeht: eine große, trainierte Silhouette, dank der Kardashians gern mit XL-Booty, hohe Wangenknochen, eine kleine Nase, große Augen mit buschigen Augenbrauen darüber und am besten noch volles Haar.
Was also tun, wenn man 1,60 Meter groß ist und wenig Wangenknochen, dafür aber schwere restliche Knochen hat? Soll man sich auf die Streckbank begeben oder darauf hoffen, dass im nächsten Jahrzehnt genau der Körperbau zum allgemeinen Schönheitsideal auserkoren wird? Nein!

Aber jede von uns kann den inneren Glanz auch auf das Äußere übertragen. Bleiben wir beim Glühbirnen-Vergleich. Wenn auf dem Lampenschirm Spinnweben sind und der so verwahrlost daherkommt, als hätte er das letzte Jahrzehnt in einem finsteren Keller zugebracht, dann wird er dem strahlenden inneren Licht ja überhaupt nicht gerecht. Wird der Schirm aber entstaubt, gepflegt und in Bestform gebracht, strahlt er, also du, von innen und von außen.

Das gewisse Etwas. Wo kann ich das kaufen?

Leider gibt's das noch nicht im Handel. Kein Wunder. Man könnte ja noch nicht mal einen richtig präzisen Produkttext dafür verfassen, eben weil es in so vielen unterschiedlichen Facetten über die Menschen kommt (oder auch nicht). Manche Frauen haben das gewisse geheimnisvolle Etwas, andere das gewisse humorvolle Etwas, wieder andere strahlen eine Ruhe aus, die andere einlullt wie ein polnisches Schlaflied, und wieder andere haben eine Reserviertheit, die irgendwie anziehend wirkt. Und die vor allem dann durchscheint, wenn man zeigt, wer man wirklich ist.

Das gewisse Etwas ist nichts, was du dir wie einen Umhang überwirfst. Es ist vielmehr wie etwas, das du drunter trägst und freilegen kannst. Wie Superman seinen Heldeneinteiler. Genäht aus Charisma.

Du kannst an der Präsentation deines Einteilers natürlich arbeiten, indem du zum Beispiel Gefühle zeigst, offen bist, dich wirklich für andere interessierst und trotzdem immer die Kontrolle behältst. Das klingt aber schon beim Aufschreiben anstrengend, und ich finde eine bemühte Präsenz immer extrem nervig.

Ich glaube ganz fest daran, dass auch du ein gewisses Extra drunter trägst, und möchte dich ermutigen, es öfter mal zu präsentieren. Und das geht am besten, wenn du dich mit Menschen umgibst. Fakt ist nämlich auch: Die Person, die den ganzen Abend stumm versucht hat, mit dem Sofa zu verschmelzen, wird definitiv auch nicht in die Geschichte des Abends eingehen als die Person mit dem gewissen Extra. Eher als die mit dem gewissen Nixda.

Kapitel 3

Ein Hoch auf die Freundschaft: Warum du mit echten Freundinnen in den Club gehen solltest und die falschen abtanzen können.

Schwestern im Schweiße.

Gerade in der Lebensmitte solltest du auf echte, zuverlässige Freundinnen setzen. Wir Frauen sind von Natur aus Beziehungsmenschen und brauchen einen sozialen Verbund, in dem wir uns gewollt, geliebt und wertgeschätzt fühlen. Überleg mal, was dir im Alltag das meiste Glück bringt und die größte Kraft gibt. Bei mir sind es neben meinen Jungs auf jeden Fall meine besten Freundinnen.
Ein Treffen mit meinen drei Mädels ist besser als jede Therapiesitzung. Und vor allem lustiger. Wenn wir gemeinsam bei unserem Lieblingsitaliener sitzen, quasseln wir uns alles von der Seele. Denn an solchen Abenden kommen nicht nur feine Delikatessen auf den Tisch, sondern auch alle Themen, die uns in der Lebensmitte beschäftigen. Es gibt nichts, was wir nicht besprechen können. Aber eines möchte ich an dieser Stelle festhalten: wir haben keinen Wechseljahre-Stammtisch, an dem wir über Miesmacher-Hormone, graue Haare und anderes Grauen lamentieren. Ganz im Gegenteil: reine Beschwerde-Gespräche gibt's bei uns nicht. Jammern verboten! Denn Jammern macht alt und obendrein unattraktiv. Jammern zieht nicht nur Mundwinkel, sondern ganze Menschen runter. In meiner Mädelsrunde diskutieren wir stattdessen Probleme und finden vor allem Lösungen. Und wenn die Lösung mal ein Schlückchen Ramazotti ist – bene. Und wenn es am Ende drei große Schlucke sind und wir noch zu Eros Ramazotti ein Tänzchen aufs Parkett legen: Benissimo. Problem gelöst!

Warum jede echte SUPERMILF Freundinnen braucht:

1. Freundinnen sind wie Zeitmaschinen

Wenn wir herumalbern, fühle ich mich manchmal wieder wie ein Teenie. Dann ist unser Alter nur eine Zahl und wir haben völlig unbefangen Spaß. Wir lachen den ganzen Abend und tanzen, als würde niemand zusehen. Natürlich sieht doch manchmal jemand zu, meistens sogar der ganze Nachbartisch, und nicht selten sind die Gäste dort neidisch auf so viel gute Laune und

Unbefangenheit. Ich spreche hier zwar die ganze Zeit von der Lebensmitte, aber gerade in dieser Phase ist es wichtig, sich nicht ständig selbst damit zu konfrontieren, dass man nun die Mitte erreicht hat. Mit deinen Mädels tanzt du auf der Zeitachse entlang und kannst dich durchaus mal wie Mitte dreißig fühlen, als die Nächte lang waren und die Röcke kurz. Sind sie bei uns übrigens immer noch!

2. Freundinnen sind wie Tresorräume

Ich kann bei meinen Freundinnen meine geheimsten Dokumente, Perlen aus der Vergangenheit und Datenträger voller wichtiger Informationen ganz entspannt einschließen. Bei ihnen ist alles sicher. Meine Freundinnen würden meine Geheimnisse nie im Leben an die Zeitung mit den vier Großbuchstaben verkaufen – sie würden vielmehr allen in die vier Buchstaben treten, die meine Geheimnisse ausplaudern. Umgekehrt können sie genauso auf mich zählen. Frauen um dich zu haben, denen du so sehr vertraust, macht dein Leben definitiv wertvoller.

3. Freundinnen sind wie Steckdosen

Und zwar Mehrfachstecker! Egal, welcher Akku leer ist – Clinch mit Franjo, Ärger über Kolleg:innen, allgemeines Stimmungstief –, meine Mädels schaffen es, ihn wieder aufzuladen. Ob mit einer liebevollen Umärmelung, einem tollen Essen oder einem ehrlichen Gespräch. Ich komme von Treffen mit ihnen immer „voller" zurück, als ich es vorher war. Und ich meine nicht nur mit Champagner oder Pasta.

4. Freundinnen sind für mich wie Medizin

Enge Freundschaften sind nachweislich gesund für die psychische und physische Gesundheit. Gute Freundinnen bewahren dich vor sozialen Phobien und Depressionen. Dinge, die man in der Lebensmitte absolut nicht gebrauchen kann. Stattdessen geben sie dir ein besseres Selbstwertgefühl. Davon kann man nie genug haben. Das nenn ich mal echte „friends with benefits"!

You get what you give

Für Freundinnen gilt wie für deine liebsten Schuhe auch: du musst sie pflegen. Das bedeutet streicheln, polieren, bürsten und regelmäßig ausführen. Dann bleiben sie geschmeidig und dir ein Leben lang auf den Fersen. Und eines Tages könnt ihr auf einen langen gemeinsamen Weg zurückblicken und stolz auf die Spuren sein, die ihr im Leben der jeweils anderen hinterlassen habt.

Gier ist ungeil. Neugier ist geil.

Die besten Freundinnen sind ein Teil deines Lebens und einfach super. Trotzdem darfst du natürlich weiterhin offen für neue Bekanntschaften bleiben! Statistisch gesehen verlieren wir ab unserem dreiundzwanzigsten Lebensjahr alle zehn Jahre einen Freund, ohne einen neuen zu gewinnen. Wenn du also nicht mit 96 allein dastehen (oder -sitzen) willst, umgib dich mit unterschiedlichen Menschen und werde niemals müde, in anderen eine Inspirationsquelle zu sehen. Deine Neugierde bekommt keine Osteoporose. Also lass sie laufen, lass sie dich weiterhin an Orte führen, an denen auch deutlich Jüngere rumcornern (was so viel bedeutet wie abhängen). Lass dich von nichts und niemandem aufhalten. Wenn dich Graffiti-Art interessiert, dann schau, in welchen Ausstellungen diese Kunst gezeigt wird, und geh hin. Niemand wird dich schief anschauen oder dich für deine Neugier verurteilen. Im Gegenteil: Dein Interesse an Neuem macht dich interessant. Und deine Offenheit wird dafür sorgen, dass du dein ganzes Leben lang tolle, neue Erfahrungen und Bekanntschaften machst.

Merke: Du bist für nichts zu alt.

„Bist du dafür nicht schon zu alt?" Den Satz kenne ich persönlich gar nicht und nur eines geht mir mehr auf den Keks, und das sind Frauen, die genau das über sich selbst sagen. Solltest du also den Satz „Dafür bin ich doch zu alt" auch gerne mal benutzen, dann streiche die sechs Wörter in dieser Kombination jetzt sofort aus deinem Vokabular. Sie limitieren dich. Sie machen dich klein, unbedeutend und vor allem machen sie dich wirklich alt. Denn was soll das überhaupt heißen, zu alt für etwas zu sein? Haben gewisse Dinge eine Altersbeschränkung? So wie viele Gesellschaftsspiele, die man angeblich nur bis 99 Jahre spielen „darf"? Was ich okay finde, denn wenn ich erstmal 100 bin, habe ich sicher so viele Pressetermine und TV-Auftritte, dass mir fürs Bingo-Spielen schlichtweg keine Zeit mehr bleiben wird. Aber zu alt wird man für nichts. Also hör bitte auf, dich einzuschränken. Du kannst zu jung, zu müde, zu krank, zu ungelenkig oder auch zu faul für etwas sein, aber niemals zu alt. Lass dir das von jemandem gesagt sein, der niemals um einen guten Ratschlag verlegen ist!

Merke auch: Es lohnt sich immer, in dich zu investieren.

Hand in Hand mit dem Satz „Dafür bin ich doch zu alt" geht auch der schreckliche Satz: „Das lohnt sich ja bei mir nicht mehr." Entschuldigung?

Wie kann es sich nicht lohnen, etwas zu tun, das mich glücklicher macht, schöner oder jünger hält? Ich höre diesen Satz oft von Frauen, die sich gern etwas Neues kaufen möchten, aber dann immer zuerst an andere denken, auch wenn die eigentlich schon alles haben. Oder wenn es nur darum geht, mal eine Flasche Wein aufzumachen. Das lohnt sich dann nicht, denn man könnte ja nur die halbe Flasche trinken, dann tot umfallen und dann wäre der Rest übrig. Ja, umso wichtiger, die Flasche jetzt aufzumachen. Umso wichtiger, dem Kleinen nicht das achtzehnte Paar Sneakers zu kaufen, sondern sich selbst mit etwas Neuem zu erfreuen. Es lohnt sich, weil du dir in diesem Moment Wertschätzung entgegenbringst. Immer, wenn du das neu gekaufte Teil trägst (sofern du nicht direkt nach dem Kauf tot umfällst), wirst du ein kleines bisschen in dich hineinlächeln und dir denken: Das hab ich mir selbst gegönnt und ich liebe es. Und mich. Gerade in der Lebensmitte ist das so unglaublich wichtig. Tu Dinge für dich und brich aus dem oft selbst gebauten Gefängnis der Begrenzungen und der Aufopferung aus. Die SUPERMILF tritt diese Mauern endlich mit ihren neu gekauften High Heels ein (ja, die lohnen sich, und nein, für die bist du nicht zu alt!!!) und befreit sich ein für alle Mal!

Sitz, Platz, tschau!

Kommen wir zum Thema „zu faul". An dieser Stelle möchte ich über jemanden sprechen, der sich vielleicht auch bei dir schon eingeschlichen hat. Einer, der, anders als ich, nicht will, dass du das Beste aus dir rausholst und zur SUPERMILF mutierst, sondern der zu dir ans Sofa kommt, dir eine Schüssel Chips und einen Humpen Cola hinstellt und dir mit honigsüßer Stimme einredet, dass es sportlich genug sei, das Fitnessstudio-Abo abzuschließen, ohne je hinzugehen, dass Joggen lebensgefährlich, Ausgehen eine Sünde und eigentlich nur der Gang zum Kühlschrank eine sichere Wegstrecke sei. Dass du unangenehme oder ungewohnte Dinge lieber gar nicht erst machen solltest oder wenn überhaupt, dann lieber morgen oder nächstes Jahr oder am allerbesten im nächsten Leben. Und wenn du nachgibst, dann nimmt er neben dir auf dem Sofa Platz und grunzt zufrieden. Ich rede natürlich vom inneren Schweinehund. Und treu, wie Hunde eben sind, bleibt auch er das ganze Leben lang an unserer Seite. Er wird immer träger und behäbiger, desto mehr wir ihm nachgeben, und wir mit ihm. Aber Hunde kann man erziehen. Und das sollten wir spätestens in der Lebensmitte wirklich tun, denn du erinnerst dich: wir werden alle sterben. Und ich persönlich möchte dann nicht auf dem Sterbebett liegen und mir denken: Mensch, wäre ich doch bloß öfter aus der warmen Sofaritze rausgekrochen und hätte den Schweinehund vor die Tür gejagt, mir die Chipskrümel vom ollen Sweater gepustet und erkannt, dass ich für nichts zu alt bin und es sich jeden Tag aufs Neue lohnt, in mich selbst zu investieren. Ob das nun eine Investition in etwas Materielles ist wie oben genannte High Heels oder aber in ein schönes Abendessen mit Freundinnen – alles, was du für dich tust, wird dich glücklicher machen. Und um auf den Schweinehund zurückzukommen: verliere nicht deine Motivation! Bleib oder werde jetzt fit und vital und denk immer daran, dass es sich in jedem Fall lohnt, in dich zu investieren – außer die Investition ist Chips und Cola. Also jag das Mistvieh noch heute zum Teufel. Wirf ihm die High Heels hinterher (vielleicht nicht die neuen), mit denen du schon die Mauern der selbstgesteckten Grenzen eingetreten hast, und kauf dir ein paar neue Sneakers, mit denen du direkt auf die Graffiti-Art-Ausstellung gehst oder besser noch: joggst!

A little party never killed nobody.

Ich kenne Frauen, die in ihrer Jugend am Samstagabend gern tanzen gegangen sind. In einer echten Disco. Du weißt schon, so eine Art abgedunkelte Turnhalle mit bunten Blitzlichtern und Schweißgeruch, heutzutage auch Club genannt. Viele dieser Frauen haben in der Lebensmitte plötzlich aufgehört, auszugehen. Meistens mit der Begründung: „Was soll ich denn im Club? Da sind ja nur Jüngere und einen Mann habe ich doch auch schon." Da kann ich nur sagen: Ist doch super. Beides. Ein Abend unter Jüngeren ist wie ein Gratisbad im Jungbrunnen und, da du schon einen Mann hast, kannst du dich auch ganz entspannt deinen Freundinnen widmen und mit denen endlich mal wieder so richtig abzappeln. Ich gehe sehr gerne aus und ich tanze für mein Leben gern. Während du den Speck schüttelst, schüttet dein Körper Glückshormone ohne Ende aus. Lebensfreude pur, die du dir nicht selbst nehmen solltest. Also shake it, baby! Die Dancing Queen in dir wird dich feiern. Die Ausrede, dass du nachts lieber schläfst, zählt übrigens auch nicht. In den meisten größeren Städten gibt es Clubs, die auch tagsüber zum Tanzen einladen. Und ich meine nicht gewisse Berliner Techno-Clubs, von denen man am Freitagnachmittag verschluckt, dann drei Tage zusammen mit diversen Substanzen anverdaut und Sonntagabend breiig wieder ausgespuckt wird. Ich meine ganz normale Durchschnittsclubs, die genau wissen, dass man Spaß nicht nur bis 45 Jahre und erst ab 23 Uhr haben kann. Also schwing dein Tanzbein und „dance the night (oder den day) away"!

Die SUPERMILF macht Schluss mit falschen Freundinnen.

Das Leben ist zu kurz für schlechte, falsche oder langweilige Freundschaften. Die können weg. Das hört sich jetzt despektierlich an, es ist aber in jedem Fall zu deinem Besten. Gerade in der Lebensmitte haben wir wahrscheinlich einen Freund:innen- und Bekanntenkreis aus den verschiedensten Abschnitten unseres Lebens um uns geschart. Manche kennen wir schon unser ganzes Leben, andere haben wir über unsere Kinder kennengelernt, über unseren Mann, über den Job oder über Bekannte. Wenn alle toll sind, musst du auch nicht aussortieren, dann solltest du dir lediglich überlegen, wie viel Zeit du in deine eher lockeren Bekanntschaften investieren möchtest und ob du dich mehr auf echte Quality-Time mit deinen besten Freund:innen konzentrieren willst. Wichtig ist vor allem, dass du ganz allein entscheidest, wem du wie viel deiner wertvollen Zeit schenken willst. Ein Beispiel: Schon vier Muttis aus der Klasse deines Kindes haben zum Kaffeekränzchen zu sich nach Hause eingeladen. So langsam wärst du auch mal an der Reihe, aber du hast eigentlich weder Lust noch Zeit? Dann lade sie nicht ein! Nirgendwo steht geschrieben, dass auch du eine sahnige Bombe aus dem Tiefkühler ziehen oder (noch schlimmer) selber backen und mit vier dir eigentlich fremden Frauen bei dir zu Hause über Stundenpläne und Pausenbrotrezepte sprechen musst. Aber was sollen die denn dann von dir denken? Nicht wichtig! Mach dir einfach keine Gedanken darüber, was fremde Menschen über deine Entscheidungen denken. Du triffst sie schließlich für dich und nicht für sie. Im Zweifel sind die anderen Mütter sogar froh, dass du den Fluch des Tortenschlachtkreislaufs unterbrochen hast und jede endlich wieder mehr Zeit für Dinge hat, die ihr wirklich am Herzen liegen.

Wenn du das Gefühl hast, es gibt in deinem Freud:innenkreis Menschen, die dir eigentlich schaden, dann reicht es oft nicht, ihnen nur die Torte zu verwehren. Du musst sie ihnen auch ins Gesicht klatschen und die Tür gleich mit dazu und sie mit allem Nachdruck deines Lebens verweisen. Kurze Ergänzung: das alles ist natürlich metaphorisch gemeint. Torten gehören in Auslagen oder Mägen, nicht in Gesichter, genauso wenig wie Türen. Aber du weißt, was ich meine. Es geht um all die vermeintlichen Freundinnen, die in Wahrheit schlecht für dich sind. Dazu gehören:

Die Lästerschwester:

Sie spricht am liebsten über andere, gerade abwesende Personen und nur selten Gutes. Ich persönlich finde es nicht schön, über andere herzuziehen. Schlechtreden gehört sich nicht. Ich bin – was das angeht – nullkommanull neugierig, deshalb bin ich fast immun gegen Lästereien. Alles, was ich über Menschen wissen möchte, erfahre ich am liebsten von ihnen persönlich, alles andere interessiert mich einfach nicht sonderlich. Außerdem habe ich mit meinen Mädels immer so viele eigene Themen zu besprechen, dass wir gar keine Zeit hätten, über irgendjemanden herzuziehen! Falls du aber eine böse Lästerschwester im Freud:innenkreis hast, dann gib ihr spätestens jetzt den Laufpass. So hat sie auch gleich jede Menge neuen Lästerstoff – nämlich dich! Aber das kann dir ja dann egal sein.

Die Unzuverlässige:

„Vielleicht" ist ihr Lieblingswort und Verbindlichkeit nicht ihr Ding. Sie ist ein Opfer unserer Multioptionsgesellschaft und will sich alle Türen bis kurz vor dem geplanten Treffen offenhalten. Was du in so einem Fall machen solltest: Tür schließen und hinter dir absperren, denn du bist keine Option. Solche „Freundinnen" gehören in den losen Bekanntenkreis. Auf wahre Freundinnen musst du dich immer verlassen können!

Die Bevormunderin:

Sie denkt, sie hat immer recht, sie wertet alles und versucht dich ständig zu korrigieren. Dass sie dich auch noch manipuliert, liegt auf der Hand, denn sie ist ein rechthaberischer Sturkopf, der die Weisheit mit Löffeln gefressen haben will. Die Löffel kann sie behalten, aber lass dich nicht länger von ihr damit füttern!

Die Giftpflanzen:

Von Narzisse bis Mimimi-mose: Diese „Freundinnen" vergiften die Atmosphäre damit, dass sich alles nur um sie und ihre Bedürfnisse dreht. Sie wollen ihr Ego durch enge Verbindungen stärken, sie gehen nicht auf deine Wünsche ein und geben dir das Gefühl, klein und unwissend zu sein. Sie dagegen stehen gern im Vordergrund. Und genau so einen Moment solltest du nutzen, um ihr mal die Meinung zu sagen. Sie wird das alles ganz anders sehen als du – aber du musst die Antwort ja gar nicht abwarten.

Neue Freund:innen finden.

Kann man in der Lebensmitte neue Freund:innen finden? Sind wir dafür nicht zu alt und lohnt sich das denn noch? Reingefallen! Natürlich lohnt es sich und zu alt sind wir ja sowieso für gar nichts – siehe weiter oben. Höchstens zu unwissend. Und deshalb gibt es jetzt noch zwei Ideen, wo du als erwachsene Frau neue Freundinnen finden kannst:

Im Telefonbuch:

Manche Menschen verlieren wir unterwegs ohne Grund aus den Augen. Der Alltag ist einfach stressig, die Lebensentwürfe klaffen auseinander und bis es einem auffällt, hat man sich so lange nicht gemeldet, dass es einem unangenehm erscheint, und man überlegt noch mal, was man als Entschuldigung sagen könnte, und schwupps, sind zwanzig Jahre rum. Genau diese Freund:innen kannst du doch einfach mal wieder anrufen: Schnapp dir dein Telefonbuch und suche nach ihnen. Was kann im schlimmsten Fall passieren? Dass sie auflegen. Und im besten Fall? Dass sie sich über den Anruf freuen und ihr da anknüpft, wo ihr vor zwanzig Jahren aufgehört habt.

Im Smartphone:

Manchmal ist das echte Leben so ausgefüllt, dass es keinen Raum für neue Bekanntschaften lässt. Es gibt jedoch einen Ort, an dem wir alle jederzeit zusammenkommen können. Das Internet, Marktplatz der unerschöpflichen Möglichkeiten, hält nämlich auch für die Freund:innensuche so einiges bereit: Die Dating-App Bumble hat extra einen BFF-Bereich eingerichtet, in dem Nutzerinnen jetzt ihr Perfect-Freundinnen-Match finden können.

Egal, wo du deine Freundinnen herhast und wie viele es sind: sei dankbar, behandle sie gut und halte sie dicht bei dir. Denn rein statistisch gesehen (wenn ihr im gleichen Alter seid) wird dein Mann vor dir über den Jordan gehen, und dann ist es mein Plan, mit meinen besten Freundinnen am Flussufer in die untergehende Sonne zu schauen, bis uns ebenfalls das letzte Stündchen schlägt.

Kapitel 4

Geschichten aus der Körper- und der Lebensmitte. Wie man im Team da durchkommt – und intim gleich mit dazu.

Mann, Mann, Mann.

Viele Männer nehmen die weibliche Menopause als Universalausrede für alles, was in der Partnerschaft plötzlich anders läuft. Die Hormone sind dann schuld daran, dass die Ehefrau vielleicht nicht mehr so willig die Wäsche für ihren Liebsten macht, und überhaupt ist der Mann verwirrt, dass die Frau alles anders macht als vorher. Wieso geht Susanne plötzlich mit Freundinnen tanzen? Woher weiß sie überhaupt, wo der Club ist? Und sind das nicht die Freundinnen, mit denen sie früher Tupperpartys gemacht hat? Wieso muss ich meine Hemden selber bügeln? Und wo hat sie überhaupt dieses kleine Schwarze her, mit dem sie neulich abgetanzt ist? Dass die Veränderungen nicht nur hormonell bedingt sind, sondern auf einem Mindset-Wechsel der Frau in ihrer Lebensmitte beruhen, der sie auch die Ehe kritisch hinterfragen lässt, kann der Mann natürlich nicht wissen. Der Partner bemerkt also die Veränderungen seiner Frau, aber anstatt diese anzusprechen, ihr ein Kompliment zu dem schicken neuen Kleid zu machen und zu fragen, ob er nicht auch mal zum Tanzen mitkommen kann, belächeln viele Männer die Veränderungen. Es kommt auch vor, dass sie sich sogar über deren ja eigentlich so positive Transformation lustig machen und ihre Frauen damit verletzen. Wenn sich der Mann selbst in seiner Lebensmitte befindet und selbst eine Mindset-Transformation durchmacht, kann es auch sein, dass er aus seiner eigenen Unzufriedenheit heraus so reagiert. Im männlichen Körper flauen die Hormone nämlich ebenfalls langsam ab. Und auch im männlichen Kopf schwirren Fragen umher wie: „Soll es das schon gewesen sein?" Selbstzweifel nagen und die biologische Verwitterung klopft an: Die Haare fallen aus, das beste Stück schwächelt und der Bauch verwandelt sich vom Sixpack zum Rettungsring. Was also tut der unreflektierte Mann? Er transplantiert sich einen neuen Haarschopf. Und ehrlich gesagt: warum auch nicht?

Ich finde es gut, wenn Männer sich nicht hängen lassen und etwas an sich ändern, auch wenn es nur rein äußerlich ist. Es gilt gleiches Recht für alle. Vielleicht wirft er noch ein paar blaue Pillen ein und meldet sich im nächsten Fitnessstudio an, wo er gleich noch mit der knackigeren Version seiner Frau eine Affäre beginnt. Diese Art von sportlicher Ertüchtigung macht ja bekanntlich auch schlank. Übrigens sind es nicht nur manche Männer, die sich in der Lebensmitte eine weitaus jüngere Partnerin suchen. Das Phänomen ist auch bei Frauen zu beobachten, die sich in ihren Fünfzigern einen jungen Gespielen suchen.

Das alles hilft, um sich mit dem Spiegelbild zu versöhnen, aber die eigentliche Sinnkrise juckt das alles gar nicht. Übrigens ist die Krise in der Lebensmitte keine bloße Zeitgeist-Erfindung oder eine Phase, die einer gelangweilten Wohlstandsgesellschaft entsprungen ist, sondern ein biologisches Phänomen, das sich nicht nur unter Menschen beobachten lässt. Das behaupten zumindest Forscher:innen, die Studien zu dem Thema an Menschenaffen durchgeführt haben und folgende These aufstellen: Auch Affen erleben die Midlife-Crisis. Im mittleren Lebensalter seien Schimpansen und Orang-Utans weniger glücklich als in der Jugend oder im Alter.

Gar nicht affig ist es, als Paar über seine jeweiligen (neuen) Gefühle zu sprechen. Ich kann nur allen Paaren raten, sich rechtzeitig miteinander hinzusetzen, alle Karten auf den Tisch zu legen und ganz ehrlich zu sein. Weniger Poker spielen, dafür lieber einfach mal zeigen, welches Blatt wir da gerade auf der Hand halten. Und wenn schon Poker, dann mal wieder Strip-Poker. Denn auch die Erotik kann sich in der Lebensmitte verändern. Was in jedem Fall immer hilft und alternativlos ist, ist ein Gespräch. Ich habe mit Franjo viele Gespräche geführt. Zugegebenermaßen sind es oft wir Frauen, die diese Art von Austausch suchen, und sie sind oft sehr anstrengend und von dem Gefühl begleitet, dass der Partner kein Verständnis für die eigenen Sorgen hat. Mein Tipp bei jeder Art von Beziehungsgespräch ist, es in einer netten Atmosphäre abzuhalten: beim Italiener um die Ecke oder bei einem Spaziergang durch den Wald. Wichtig ist es, keinen Zeitdruck zu haben und dass beide Partner kompromissbereit in das Gespräch reingehen. Außerdem finde ich es wichtig, dass man sich vorher daran erinnert, dass man unglaublich schöne Zeiten zusammen hatte und gemeinsam bereits viel erreicht hat. Mit diesem toleranten, positiven Mindset bleibst du offen für die Argumente deines Partners.

Unsichtbares Schwelen von unausgesprochenen Konflikten, die vielleicht seit Jahren zwischen Mann und Frau vor sich hin schmoren, kann nur gelöscht werden, wenn man die Konflikte an die Oberfläche lässt. Ich meine mit Reden natürlich nicht, dass man sich gegenseitig Dinge an den Kopf wirft, rumschreit oder unsensible Ratschläge erteilt. Ich meine Kommunikation auf Augenhöhe. Jeder spricht über seine jeweiligen Gefühle und dann schaut man gemeinsam, wie und ob man diese wieder in Einklang bringen kann. Ich finde es bedenklich, dass so viele Paare einfach vergessen haben, dass man miteinander sprechen kann, und zwar über mehr als nur den nächsten Arzttermin des Sprösslings oder darüber, was es abends zu essen gibt. Ganz oft beobachte ich Paare, die sich im Restaurant gegenübersitzen und kein Wort miteinander wechseln, sondern stattdessen an ihren Smartphones hängen. Von Vorspeise bis Nachspeise. Aufgeschaut wird nur kurz, um beim Kellner noch etwas zu bestellen oder um die Routinefrage zu stellen: Schmeckts? Oder kann es sein, dass sie sich den ganzen Abend heimlich Auberginen- und Aprikosen-Emojis schicken, während sie unterm Tisch füßeln? Ist das vielleicht so ein Ding, das ich verpasst habe? Ich würde es mir ja wünschen, befürchte aber, dass viele Paare sich über die Jahre so voneinander entfernt haben, dass es schwer ist, die Brücke zum anderen wieder aufzubauen. Vielen Männern erscheint es genau an diesem Punkt leichter, mit dem brandneuen Motorrad und der alten Aubergine in einer neuen Garage einzuparken. Entscheidungen werden gerade in der Lebensmitte oft impulsartig getroffen, denn die Suche nach Erfüllung soll jetzt – nachdem man sie jahrzehntelang vergraben hatte – besonders schnell erfolgreich sein. Planlos stürzt man sich da oft in neue Leben, man fällt erst in warme Arme, weiche Betten und am Ende meistens auf die Schnauze.

Aber: Die SUPERMILF bleibt ganz ruhig.

Die SUPERMILF weiß: (Mid)life happens

Die SUPERMILF weiß, dass viele Themen, die sie beschäftigen, von biochemischen Vorgängen in ihrem Körper angestoßen wurden. Immerhin liest sie gerade dieses Buch. Hinzu kommt die Auseinandersetzung mit der eigenen Vergänglichkeit und der Unumkehrbarkeit der Vergangenheit. All das ist ihr klar, und sie nimmt es zum Anlass, jetzt in der Lebensmitte Verantwortung für diese Gedanken zu übernehmen und ihre eigene Einstellung (nicht die des Partners) zu überdenken.

Die SUPERMILF weiß: Kräftemessen macht kraftlos

Die SUPERMILF spart sich Machtkämpfe in ihrer Beziehung. Unter Machtkämpfen verstehen wir alle Streitereien, die darauf abzielen, dass eine:r als Gewinner:in und der oder die andere als Verlierer:in daraus hervorgeht. Ein Duell, das logischerweise dazu führt, dass aus Partner:innen Gegner:innen werden. Wenn du mitten in einem solchen Machtkampf steckst, solltest du (sofern dir was am Duellanten liegt) schnellstens die Waffen strecken und die Strategie ändern, zum Beispiel, indem du anfängst, über deine Gefühle, Wünsche und dein Erleben zu sprechen, statt dem anderen einen Vorwurf nach dem anderen an den Kopf zu knallen. Vielleicht hörst du dann nach all dem lautem Geschrei endlich den „Wind of Change".

Keine Torschluss-Schnellschüsse

Die SUPERMILF hat keine Torschlusspanik, aus der heraus sie unüberlegte Dinge tut und ihren Partner unnötig verletzt. Du willst an deiner Beziehung etwas ändern? Super! Aber nicht mit der Brechstange. Beziehe deinen Mann mit ein, sprich mit ihm über gemeinsame Ziele, erweitert euren Hobby-Horizont oder plant den nächsten Kurztrip. Ja, es herrscht Aufbruchstimmung. Und ja, du könntest schneller allein aufbrechen. Du kannst aber auch zusammen mit deinem Partner den Weg weitergehen – als ein reiferes Paar, im besten Wortsinn! Franjo und ich machen das seit vielen Jahren so. Immer, wenn es stressig wird oder wir unterschiedlicher Meinung sind, fahren wir ein oder zwei Tage weg – mal in den Schwarzwald, mal nach Sylt oder St. Tropez, um Zeit für uns zu haben. Seele baumeln lassen, reden, zu zweit sein. Das hat uns über all die Jahre gut getan.

Das Wir-Gefühl will gefüttert werden

Der Kraftstoff einer Beziehung sind gemeinsame Rituale. Franjo und ich gehen seit ein paar Jahren mindestens dreimal die Woche zusammen essen. Ich muss ihn nach einem langen Bürotag und wenig Schlaf öfter mal überreden, aber am Ende ist er jedes Mal dankbar, dass er seinen Abend nicht mit einem Pizzakarton auf den Knien und dem Fernseher vor der Nase verbracht hat, sondern face to face mit den beiden Lieben seines Lebens, nämlich Pasta und mir. Wir reden dann viel über unsere Jobs und die Familie, beobachten das Treiben um uns herum und erfreuen uns daran, dass andere Menschen so viel besser kochen können als wir. Am Ende des Abends sagt Franjo dann oft zwinkernd zu mir: „Gut, dass ich dich heute dazu überredet habe, mit mir Essen zu gehen. Es war doch wieder ein wunderschöner Abend mit uns beiden."

Wir haben noch viele weitere Rituale, die wir nicht konkret nach einem Stundenplan planen, wie zum Beispiel sich immer mit einem kleinen Kuss zu verabschieden, gemeinsam eine Tasse Cappuccino im Bett zu trinken oder dem anderen doofe Spitznamen zu geben. Es gibt aber auch Paare, die feste Termine ausmachen, an denen sie sich zu einem richtigen Couple-Meeting verabreden und über ihre Beziehung sprechen, so wie über ein Projekt. Ich bin nicht der Typ Projektmanager. Ich bin eher die spontane, emotionale und ungeduldige Ehefrau, aber wem es hilft, über die Milestones der Beziehung regelmäßig zu einer festen Zeit zu sprechen, To-dos aufzuteilen oder Strategien zur Krisenprävention zu erarbeiten, der sollte das unbedingt genau so machen. Denn auch so ein Jour fixe zeigt Wertschätzung und Respekt für den anderen, und genau das brauchen wir in der Lebensmitte! Ich habe übrigens ein Paar im Bekanntenkreis, die aus dem Jour fixe einen Jour F*** gemacht haben. Sex nach der Stechuhr. Wäre auch nicht unbedingt meins, aber ihre Beziehung läuft auch nach 25 Jahren noch wie geschmiert! Also: verbringt aktiv Zeit miteinander und kultiviert diese Zeit, und schon habt ihr Rituale, die die Beziehung nachhaltig stärken.

Die SUPERMILF weiß: Ja, nein, vielleicht – Liebe ist immer (d)eine Entscheidung

Die SUPERMILF weiß längst, dass Flugzeuge im Bauch eine Erfindung von Herbert Grönemeyer sind. In der Liebe gibt es nichts geschenkt, sie rostet still und leise vor sich hin, wenn nicht ab und zu einer mit dem Schmieröl kommt. Aber wenn beide Partner sich immer wieder neu füreinander entscheiden und alles dafür tun, dass sie sich respektvoll, liebevoll und auf Augenhöhe begegnen, dann fliegt auch im Bauch wieder was. Vielleicht kein Airbus A380, aber doch immerhin eine Cessna.

Sex on fire. Lust und Frust in der Lebensmitte.

Ich habe bereits viel darüber gesprochen, wie wichtig es ist, sich spätestens in der Lebensmitte zu befreien und den eigenen Bedürfnissen endlich Raum zu geben. Das gilt vor allem auch für die weibliche Sexualität. Frauen, die sich nach Lust und Laune ausleben, werden hierzulande immer noch oft als Schlampen bezeichnet. Ich selbst lebe ja seit 23 Jahren in einer monogamen Beziehung und mein Glück ist es, dass Franjo das genauso hält. Das war uns von Anfang an klar. Es gibt aber noch viele andere Beziehungsformen, und jedes Paar muss für sich entscheiden, welche es wählt. Wichtig ist nur, die Wünsche beider Parteien zu berücksichtigen.

Nach und nach kommen wir jedoch darauf, dass wir Frauen auch sexuell gesehen die gleichen Rechte haben wie Männer und nicht nur für sie funktionieren müssen, und lösen peu à peu unsere sexuellen Fesseln.

Yoni, Verona. Verona, Yoni!

Ich habe erst vor Kurzem zum ersten Mal den Begriff „Yoni" gehört, und zwar von meiner neuen Yogalehrerin, die auch tantrisches Yoga lehrt, in dem es weitestgehend um das Loslassen von Kontrolle und die Freisetzung von Energie geht. Beim Tantra wird das weibliche Geschlecht Yoni genannt. Das Wort stammt aus dem Sanskrit und kann mit „Ursprung" übersetzt werden. Im Indischen wurde die Intimzone der Frau jahrhundertelang unter diesem Namen als duftende Rose besungen und als Pforte des Lebens verehrt. Ich habe mich gleich bei meiner Yoni entschuldigt, dass ich sie bis dato noch nicht besungen habe (vielleicht kann sie aber auch ganz froh darüber sein). Aber ich bin dankbar für diesen so wunderschön klingenden Begriff für unser weibliches Geschlecht. Allein der Name lädt dazu ein, die eigene Yoni mehr zu achten und zu würdigen.

Sexualität im Wechsel

Wie wir bereits wissen, kommt es in der Lebensmitte bei den meisten Frauen zu hormonellen Veränderungen. Da unser Sexualtrieb unter anderem auch durch Hormone gesteuert wird, verändert sich nun auch unser sexuelles Verlangen. Östrogen- und Libidomangel können eine Ursache dafür sein, dass Frau weniger Lust auf Sex hat. Aber auch psychische Ursachen, mangelnde Intimität in der Partnerschaft oder äußere Einflüsse sind Lustkiller. Wenn deine Scheide zur Wüste verkommt oder du mit starken Blutungen, plötzlicher Blasenschwäche oder Schmerzen zu kämpfen hast, gibt es Mittel und Wege, das zu verändern. Zum Beispiel ein ausführliches Gespräch mit deiner Gynäkologin. Mach dir einen Termin und sprich all deine Probleme offen an,

sie wird dir mit Rat und Tat zur Seite stehen. Wenn es kein schwerwiegendes medizinisches Problem ist, hilft es auch, mit guten Freundinnen ein offenes, humorvolles Gespräch zu führen oder mit deinem Partner an einem entspannten Sonntagmorgen.
Von mir gibt es an dieser Stelle einige Tipps für ein erfülltes Sexleben mit deinem Langzeitpartner in der Lebensmitte.

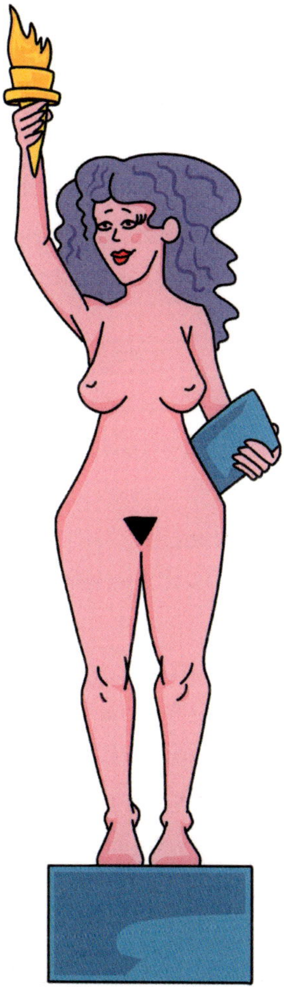

Sexy Time – 5 Tipps!

1. Let’s talk about sex, baby!

Dein Partner könnte der Autor folgendes Buches sein: „Die Frau – ein Buch mit sieben Siegeln"? Ob 30, 40 oder Ü50, wir Frauen waren doch schon immer ein großes Rätsel für Männer, gerade was unsere Emotionen angeht. Insbesondere in den Wechseljahren, wenn Männer glauben, ihre Frauen lange zu kennen, haben die sich oft verändert, und es kann durchaus sein, dass auch der langjährige Partner an dieser Stelle in der Beziehung ein paar neue Anregungen braucht. Sei einfach ehrlich und sag ihm direkt, was du inzwischen magst und was nicht.
Sprich mit ihm, öffne dich und zeige ihm, was du im Bett gut findest. Du solltest allerdings auch berücksichtigen, dass dein Partner sich eventuell ebenfalls in der Lebensmitte befindet und in sexueller Hinsicht verändert hat. Bereits ein paar kleine Vorschläge sorgen dafür, dass er wieder weiß, was dir gefällt, und bringen glückliche, erotische Zweisamkeit. Mein Tipp: alles geht, nichts muss. Und: bloß nicht den Humor verlieren. Wenn man im Bett viel lacht und Spaß hat, wird sicherlich auch über Kleinigkeiten hinweggesehen, die nicht so funktionieren, wie man sie sich vorgestellt hat.

2. No pressure: Kommste heut nicht, kommste morgen!

Nimm den Druck raus. Wenn es mal nicht so rund (oder spitz) läuft, dann wird eben „nur" gekuschelt. Weder du noch dein Partner sollten sich Stress machen. Eine Freundin hat mir neulich begeistert von „Slow Sex" erzählt, den Begriff kannte ich bis dato auch noch nicht, aber man lernt ja nie aus. Das ist kein Zeitlupensex für Ü80-Jährige, sondern Sex, der Nähe und Intimität kultiviert, weil es dabei um ganz bewusste Hingabe geht. Man arbeitet nicht auf den Orgasmus hin, sondern lässt die sexuelle Energie einfach fließen. Gerade für Paare, bei denen es im Bett nicht so läuft, weil Druck eine große Rolle spielt, kann diese Art von – im besten Sinne – ziellosem Sex dabei helfen, zurück zu entspannter, schöner Intimität zu finden.

3. Vom Mauerblümchen zum Maneater.

Übrigens gibt es Ü50-Frauen, die sich in diesem Alter auf dem absoluten Höhepunkt ihrer sexuellen Aktivität befinden. Eine Freundin von mir, die sich erst kürzlich von ihrem langjährigen Partner getrennt hat, erzählte mir von ihrem neuen Sexleben: morgens der Fitnesstrainer, abends der Ex-Freund und zwischendurch der Geliebte aus St. Tropez. Keine Verbindlichkeiten, keine Spielchen (mal abgesehen von denen mit den Handschellen). Sie hätte das früher so nie gekonnt. Warum kann sie es jetzt: Weil sie eine echte SUPERMILF ist, die weiß, was sie will und es sich holt. Weil sie wirklich unabhängig ist, weil das Kinderthema für sie abgehakt ist und weil sie nicht mehr um jeden Preis jedem Mann gefallen will – und deshalb umso mehr gefällt. Verdammt sexy!

4. Ofen aus, aber trotzdem noch heiß.

Irgendwie ist es seltsam. Sobald die Gebärmutter rein biologisch nicht mehr der Fortpflanzung dient, geht die Gesellschaft davon aus, dass man auch weniger Lust auf Sex hat. Ich bin davon überzeugt, dass es sich hier um ein Missverständnis handelt. Denk einfach mal an vier bis fünf Frauen über fünfundvierzig aus deinem Umfeld? Haben die wirklich alle weniger Lust auf Sex? Und eine weitere Frage: Wie oft habe ich denn in meiner ersten Lebenshälfte um der lieben Vermehrung willen Sex gehabt? Äh, zweimal?

Aber abgesehen davon ging es doch immer schon vor allem um Lust. Also lass auch du dir deine Lust nicht nehmen. Für Sex gibt es keine Altersgrenze. Und gerade in der Lebensmitte entdecken Frauen eine ganz neue sexuelle Seite an sich. Wenn du merkst, dass du dich in deinem Körper nicht mehr ganz so wohl fühlst und das Auswirkungen auf deine sexuellen Aktivitäten hat, dann wäre mein Tipp: Schau dich im Spiegel an und überlege dir, was du selbst rein äußerlich nicht (mehr) an dir magst. Stell dir die Frage, ob es nur ein paar Kilos sind, die runtermüssen, oder ob ein Besuch in einem tollen Kosmetikstudio dich mit deinem Aussehen versöhnen könnte. Es kann auch sein, dass der Weg zum Beauty-Doc die Veränderung mit sich bringt, die dir hilft, deinen Körper (wieder) mehr zu lieben. Ich persönlich bin der Meinung, dass eine Frau mit dem Aussehen ihrer Brust glücklich sein sollte. Wichtig ist, dass du dir bewusst machst, was genau an dir deine Unzufriedenheit auslöst und dass du diese Zonen angehst. Denn von allein wird der Körper sich nicht unbedingt zum Positiven verändern, dafür musst du selbst was tun! Wenn du das möchtest. Wichtig ist das Gefühl, das du hast, wenn du dich betrachtest. Dass dein Körper genau so schön ist, wie er ist oder wie du ihn dir geformt hast. Nur wenn du ihm diese Schönheit zusprichst, wirst du es selbst auch glauben. Denk an das Kapitel zum Thema Selbstliebe! Entspann dich einfach! Es geht doch darum, mit einem geliebten und für dich attraktiven Menschen einfach Spaß zu haben, und nicht darum, dabei auszusehen wie ein perfektes Playmate.

5. Wer lieben will, muss freundlich sein!

Es ist doch schön, wenn wir zu den Menschen gehören, die einen tollen, langjährigen Lebenspartner gefunden haben, also sollten wir es ihm auch öfter mal im ganz normalen Alltag zeigen, mit

zärtlichen Berührungen, netten Worten, lieben Kosenamen, wie Schatz oder Liebling, oder ein paar liebevollen Küssen, die es einfach so zwischendurch gibt. Franjo sagt oft zu Roccolito: „Mama ist doch die schönste Frau von ganz Meerbusch!" Was für eine Frechheit. Aber ich freue mich dann, weil ich weiß, dass er mit Meerbusch natürlich die ganze Welt meint. Es vergeht auch kein Tag, an dem wir nicht miteinander lachen und uns gegenseitig sagen, wie sehr wir uns lieben. Natürlich haben wir auch kleine Streitigkeiten, aber die Gewissheit, dass wir füreinander genau dasselbe empfinden und uns das auch regelmäßig sagen, zeigt, dass unsere Liebe auch nach 23 Jahren nicht nur wahr ist, sondern das einzig Wahre.
Kleine Liebes-Aufmerksamkeiten sind übrigens wie Karma: sie kommen zu dir zurück. Sollten sie zumindest. Probier es mal aus und finde über viele liebe Worte und Taten zurück zur Zärtlichkeit eurer ersten Jahre!

Zähne zeigen, statt nur zu lächeln

Weniger Östrogen macht uns weniger weich. Wenn du bisher harmoniesüchtig warst, wirst du jetzt vielleicht feststellen, dass du streitlustiger geworden bist. Und das ist nicht unbedingt ein Nachteil. Es ist auch ganz gut, seine komfortable Position als „everybodys darling" zu verlassen und Zähne zu zeigen, wo es nötig ist. Sei es dem Partner, den Freund:innen, der Familie oder den „lieben" Arbeitskolleg:innen. Natürlich sollte dein Inneres und dein Herz für Freund:innen für Familie weich bleiben, aber wir brauchen Ecken und Kanten, um uns individueller zu zeigen. Der Mangel an Östrogen hat also auch seine kleinen Vorteile. Wenn du zu den Frauen gehörst, die schon immer angriffslustig waren, und dein Aggressionslevel in der Lebensmitte auf das eines Stiers steigt, der ein rotes Tuch vor der Nase hat, dann kann deine Gynäkologin dir helfen, dein hormonelles Gleichgewicht wieder herzustellen.

Soll ich's wirklich machen oder lass ich's lieber sein?

In meinem eigenen Bekanntenkreis kam es in der Lebensmitte zu überdurchschnittlich vielen Trennungen. Vielleicht wegen der Fragen, die wir hier schon öfter der Lebensmitte zugeordnet haben: War es das schon in meinem Leben? Warum sollte ich nicht offen sein für etwas Neues? Wieso nicht die Kraft der Mitte als Absprungbasis für einen neuen Lebensabschnitt nutzen? Solltest du dich in einer tollen Beziehung mit einem stabilen Fundament aus Vertrauen, Liebe und Familie befinden, wäre es wirklich ein Fehler, das alles für einen vermeintlichen Neuanfang aufzugeben. Die Lebensmitte zeigt dir auch, wie stark du bist und aus welchen Erfahrungen der ersten Lebenshälfte du gelernt hast. Der Moment, die Verführung und das Abenteuer kommen dagegen nicht an. Eine echte SUPERMILF trifft die richtige Entscheidung, und die kommt in erster Linie aus dem Herzen, wird aber vom Köpfchen abgenickt. Folgende Tipps könnten dir dabei helfen, die richtige Entscheidung zu treffen:

1. Stell dir vor, wie das nächste Jahr ohne deinen aktuellen Partner aussehen würde. Und dann überlege dir genau, ob du das wirklich möchtest.
2. Stell dir die Frage, ob es dir wirklich gelingt, deine Beziehung so zu verändern, dass sie dich noch die nächsten Jahr(zehnt)e glücklich machen könnte.

3. Frag dich ganz ehrlich: Ist dein Partner wirklich „dein Mensch"? Kennt ihr euch? Vertraut ihr euch? Liebt ihr euch? Und schätzt ihr euch wert? Wenn du das mit Ja beantworten kannst, habt ihr gute Chancen auf eine gemeinsame Zukunft. Wenn nicht, wirst du als echte SUPERMILF einen Schlussstrich ziehen können und deinen Neuanfang planen!

Natürlich spaziert man auch als lebenserfahrene Frau nicht aus einer zerbrochenen Liebe heraus und sagt pressemitteilungsreif: „Wir bleiben natürlich Freunde, ich respektiere Harald nach wie vor und wünsche ihm von Herzen das Beste. Seiner neuen Freundin, die meine Tochter sein könnte, übrigens auch. Und, ach ja: toller neuer Sportwagen." Nicht selten fügt die Frau von heute noch hinzu – immerhin ist die Emanzipation 2023 schon ein bisschen weiter fortgeschritten: „Mein Neuer ist übrigens so alt wie mein Sohn. Und, ach ja: wir fahren lieber mit dem VW-Bus auf Festivals!"
Sich trennen ist schwer, egal, ob man selbst die Entscheidung getroffen hat, der Partner es so wollte oder sich beide einig waren. Jemand, den man liebt oder geliebt hat, ist plötzlich nicht mehr „verfügbar". Wir erleben neben all dem Liebeskummer über die gescheiterte Beziehung auch einen Kontrollverlust, der uns auffressen kann.
Eine SUPERMILF steht diese Trauerphase durch, indem sie bei sich bleibt, nicht sofort befreundet sein will, keine Rachepläne schmiedet und, wenn nötig, jemanden um Hilfe bittet, der zwischen ihr und dem Ex-Partner vermittelt.

Kapitel 5

Pubertät meets Wechseljahre und wie du vom bissigen Menopausen-Muttertier zur Königin der Familie wirst.

Als ersten Staatsakt in diesem Kapitel möchte ich uns mit dir gemeinsam zum Oberhaupt erklären – zum Oberhaupt unserer Familien. Um die wird es nämlich in diesem Kapitel gehen: um pubertierende Kinder, menopausierende Mütter, überfragte Väter und nachwachsende Sprösslinge. Du sollst ihre Königin werden, denn nur, wenn du dir selbst die Krone aufsetzt, wirst du auch mit erhobenem Haupt durch deine Gemächer schreiten.

Die SUPERMILF ist die Königin der Familie.

In Deutschland verkommt die Mutter leider nicht selten zur Putzfrau der Familie, zur Privatsekretärin des Mannes und zur Hinternabwischerin und Chauffeurin der Kinder. Ich selbst habe auch schon Diverses abgewischt und meine Kinder von A nach B gefahren, aber ich habe es niemals in einer unterwürfigen Haltung getan. Viele Frauen in meinem Alter aber haben sich bis zur Lebensmitte wie ein Radiergummi für ihre Familie abgerieben. Haben Ecken ausgewischt und Fenster geputzt, Wäsche gewaschen und Kinder geschaukelt, Männer verwöhnt und Mäuler gestopft, bis von ihnen selbst nur noch ein kläglicher Rest übrig war. Sie sind so oft zu kurz gekommen, dass sie sich nun ganz klein fühlen – wie ein alter Radiergummi, der im Mäppchen vergessen wurde. Und der Preis für die Selbstaufopferung ist hoch, denn am Ende bist du wirklich bucklig, heruntergewirtschaftet und kaputt, und alle sehen dich erschrocken an und sagen: „Mensch, das tut mir leid, du hättest das ja nicht machen müssen." Und es stimmt. Hättest du nicht. Du hättest auch deinen Gerald das Geschirr spülen lassen und selbst zur Maniküre gehen können. Du hättest die kleine Ida auch einmal mehr zu ihrer Freundin schicken und in der Zeit Kaffee trinken können. Den kleinen Karl allein mit dem Rad zum Fußballtraining fahren lassen. „Ja, aber Mama, es regnet." „Ja, aber Karl, du bist nicht aus Zucker." Hättest mit Gerald ein Pärchen-Wochenende verbringen können. Hättest dies, hättest das. Hast du aber nicht. Stattdessen hast du für alle alles getan und für dich nichts und stehst jetzt ohne Danksagungen, aber dafür mit krummem Rücken in leeren Kinderzimmern. Ida und Karl sind aus dem Haus und studieren und Gerald, nun ja, der auch. Aber nicht an der Uni, sondern in der Ulla, seiner neuen Freundin. Eine zugegebenermaßen leicht überspitzte Geschichte, aber sind wir mal ehrlich: So oder so ähnlich kann es laufen, wenn du als Mutter verpasst, dich selbst wichtiger zu nehmen. Du allein musst den Wert deiner Arbeit kennen und ihn dir mindestens mit Respekt und Anerkennung bezahlen lassen. Denn für die so genannte Care-Arbeit gilt leider immer noch der Spruch: Was nichts kostet, ist nichts wert.

Deshalb kröne dich jetzt selbst: Camilla wurde auch erst mit 75 Königin. Es ist also nie zu spät, sich selbst diese Würde zuteil werden

zu lassen. Indem du dir diesen Titel verleihst, holst du dich aus der Rolle der Hausverwalterin. Die schlechte Nachricht ist: Vermutlich wird auch künftig kein anderer freiwillig diese Arbeiten erledigen. Aber als Königin wird dir das Delegieren sehr viel leichter fallen. Es geht um deine eigene Sicht auf dich und deine Wertschätzung dir selbst gegenüber. Es geht um eine Attitüde, und es wird allerhöchste Zeit, das Zepter der Anerkennung selbst in die Hand zu nehmen!
Also kröne und feiere dich zuallererst selbst, teile die Aufgaben unter deinem Hofstaat auf und tadele Untertanen, die dich nicht mit gebührendem Respekt behandeln. Lang lebe die Königin! Lang lebe die SUPERMILF!

Pubertät meets Menopause

Diego ist gerade 20 Jahre alt geworden und – bis zu seiner Midlife-Crisis – hormonmäßig wohl vorerst aus dem Gröbsten raus. Es gab aber auch eine Zeit, in der der allgemein schwankende Hormonhaushalt unser Familienleben durchaus beeinträchtigt hat: Während mir in dieser Zeit öfter mal zum Heulen zumute war, wollte Diego einfach nur chillen, Roccolito war von der Welt überfordert und Franjo von mir. Er kannte mich nur tippitoppi gelaunt und voller Lebensfreude und war jetzt ratlos: Wer war die Frau, die plötzlich traurig wurde, wenn das Kind Nudeln verweigerte? Und was war das da für eine Flüssigkeit, die aus ihren Augenwinkeln lief? Wieso nahm sie es so persönlich, wenn der Sohn sein eigenes Reich dem Familien-Wohnzimmer vorzog?
Was mich in dieser Zeit besonders fertigmachte, war die Tatsache, dass ich mich von Diego abgelehnt fühlte. Mein kleiner Schatz, der mir, seit er laufen konnte und wann immer ich zuhause war, am Rockzipfel gehangen hatte, hatte selbigen nun losgelassen und lief ganz alleine.

Ohne hinzufallen. Wie war das möglich? Wann war das passiert? Mein niedlicher Sohn-Klon verzichtete auf sein von mir liebevoll zubereitetes Lieblingsessen und trank stattdessen einen Liter Eiweißshake, bevor er im Fitnesskeller verschwand, um das Sechzehnfache seines Eigengewichts zu stemmen. Die verschwitzten Fitness-Klamotten durfte Mami natürlich immer noch waschen, und das war auch nötig, denn plötzlich rochen sie nach echtem Männerschweiß.

Auf lieb gemeinte Fragen gab es flapsige, vorwurfsvolle Antworten. Wenn wir abends auf dem Sofa zusammen einen Film schauten und ich für jeden ein Brot geschmiert hatte, kam von Diego nur der Hinweis, dass er das doch auch selbst gekonnt hätte. Ach nee. Brotschmieren war nun wirklich nichts, wofür man eine Meisterkochausbildung brauchte. Aber es kränkte mich.

Diego ließ sich also von mir kaum mehr etwas sagen. Ich sagte aber trotzdem was. Das führte dazu, dass wir viel aneinander vorbeiredeten, aber immerhin im Dialog blieben und irgendwann verstanden, was der jeweils andere wollte:

Diego wollte, dass ich akzeptierte, dass er nicht mehr anrief, wenn er gut bei seinem Kumpel angekommen war. Dass er nicht wollte und es vor allem nicht mehr brauchte, dass ich ihm einen Schal umband (außerdem kam ich gar nicht mehr an seinen Hals, so groß war er mit seinen 1,94 Meter geworden) oder ihn fragte, ob er genug gegessen hatte. Weil er es jetzt schlicht und ergreifend selbst konnte.

Und ich wollte, dass er verstand, dass sich manche Dinge niemals ändern würden und meine Fürsorge nichts damit zu tun hatte, dass ich ihn in seiner neu entdeckten Freiheit beschränken wollte. Zum Beispiel, wenn ich ihn fragte, ob er auch Hunger habe. Oder wenn ich Sachen von ihm aufräumte. Oder mich auch nur nach seinem Befinden erkundigte. Weil das Dinge sind, die uns als Familie ausmachen, Werte, die mir wichtig sind und es immer sein werden. Ich wollte, dass

er verstand: Du wirst groß und erwachsen, und ich halte dich nicht davon ab. Im Gegenteil: ich bin stolz auf dich! Aber so lange du deine Riesenfüße unter meinen Tisch streckst, werde ich dich fragen, ob der Schuh drückt, weil ich dich liebe. Und wenn er drückt, finden wir gemeinsam einen neuen. Mit Schuhen kenne ich mich aus.
Inzwischen steht er übrigens ganz stabil auf seinen eigenen Füßen in den USA, wo er seit zwei Jahren lebt.

Die SUPERMILF ist keine Klammeräffin. Mit diesen Tipps schaffst du es, dein Kind besser loszulassen:

1. Sei die Basis und dann: chill die Basis

Wenn das Leben deines heranwachsenden Kindes eine Bergtour wäre, dann wärst du als Mutter das Basecamp. Ein Lager mit allem, was man für die Anstrengungen der Zeit vor dem Erwachsenwerden braucht, Wasch- und Kochzelt inklusive. Ein Ort, mit dem man auch lange nach dem achtzehnten Geburtstag noch Funkkontakt hält und an den man zurückkehren kann, wenn ein Sturm aufzieht oder einem die Luft ausgeht. Sei die sichere Basis, dann wird dein Kind gestärkt ins eigene Leben starten und du wirst ihm mit viel mehr Zuversicht dabei zuschauen können!

2. Mach Schluss mit der heiligen Zweifaltigkeit!

Du bist du und dein Kind ist dein Kind. Ihr seid nicht eins – zum Glück. Du musst nicht in der Wir-Form von euch sprechen und du solltest es nicht überbrüten. Es ist irgendwann auch mal fertig oder wie ich sage: al dente. Und es wird garantiert noch besser, wenn du es ermutigst, die Welt zu erobern. Außerdem bist du doch so viel mehr als eine Mutter. Du bist eine Frau, eine Partnerin, eine Freundin, eine SUPERMILF und eine Was-weiß-ich-noch-alles. Definiere also deine Rolle schleunigst neu, wenn du vielleicht schon ein bisschen zu lange der Wirt in der Mutter-Kind-Symbiose bist.

3. Kontrolle ist gut, Vertrauen ist besser.

Du hast alles gegeben. Du hast gewarnt, beschützt, ermutigt. Jetzt musst du vertrauen: in die Persönlichkeit und die Eigenständigkeit dieses jungen Menschen, in seine Stärken und Talente und in seine eigene Handlungsfähigkeit. Vertrauen heißt nicht, die Augen zu verschließen. Im Gegenteil: es bedeutet nur, dass wir zuversichtlich beobachten, wie unser Kind erwachsen wird. Kleine Fehler inklusive.

4. Leeres Nest schafft Raum für Neues.

Dein Kind ist ausgezogen und das plötzliche Alleinsein stürzt dich in eine Krise? Dann hast du das „Empty-Nest-Syndrom", das aus dem Gefühl entsteht, nicht mehr gebraucht zu werden. Manche Frauen müssen jetzt erst Schritt für Schritt lernen, ihre neu gewonnene Zeit zu füllen und sie nicht als Verlust, sondern als Gewinn anzusehen. Und das in einer Phase, in der vielleicht auch noch die Wechseljahre beginnen. Mein Tipp, um das Empty-Nest-Syndrom zu bewältigen: Finde etwas, das dir Freude bereitet und das Gefühl von Leere verscheucht. Du kannst dich beispielweise sozial engagieren und eine gemeinnützige Organisation unterstützen oder nun die Dinge tun, für die früher keine Zeit war. Zum Beispiel eine neue Sprache lernen oder fotografieren, Konzerte besuchen. Probiere es aus, und ich bin sicher, dass auch du etwas finden wirst, das dir Spaß macht!

5. Die SUPERMILF lässt los und bleibt verbunden.

Ich habe einen wunderbaren jungen Mann großgezogen und ich könnte nicht stolzer sein. Ich habe ihn im richtigen Moment losgelassen und er hat sich vom Nest abgestoßen, ist erst ein bisschen geflattert, aber sehr schnell kraftvoll geflogen, mit einer Zielsicherheit und Stärke, die mein Herz höherschlagen lässt. Und er wird immer wieder zu mir zurückkommen. Nicht, weil ich so gute Käsebrote schmiere, sondern weil uns ein unsichtbares Band verbindet, das sich Liebe nennt. Und das ist da auch, wenn – so wie im Moment – 7600 Kilometer zwischen uns liegen.

Der kleine Mann und das Nicht-mehr-sein:

Es gibt ein Thema, das in Deutschland noch mehr tabuisiert ist als die weibliche Lebensmitte, und das ist das Lebensende, auch bekannt als der Tod. Kinder interessiert das Tabu herzlich wenig. Da wird gnadenlos gefragt: „Wie fühlt sich tot sein an?", „Friert Oma Gitti unter der Erde?", „Kann ich meine Playstation mitnehmen, wenn ich sterbe?" Und ich finde es wichtig, dass wir Kindern auf all ihre Fragen antworten. Es macht auch überhaupt keinen Sinn, nicht über den Tod zu sprechen, er gehört nun mal zum Leben. Er ist der einzige Deal, den wir ausnahmslos alle eingehen, sobald wir den ersten Schnapper auf dieser Erde getan haben.

Ich habe kein Problem, mit meinen Kindern über den Tod zu sprechen. Im Gegenteil: ich finde, wenn man früh genug damit anfängt, verliert er seinen Schrecken. Und wenn wir es richtig machen, können wir auch

verhindern, dass Kinder tiefsitzende Ängste entwickeln, weil sie irgendwelche Gruselmärchen vom Sensenmann aufschnappen. Kinder brauchen Wahrheit und Sicherheit, und die versuche ich Rocco zu geben, indem ich ihm alles sage, was ich über den Tod weiß oder zumindest darüber denke. Aber auch, indem ich ihm vor allem das sage, was ich über das Leben weiß: es ist kostbar und es ist ein großes Glück, dass wir beide zeitgleich leben, all den Spaß teilen und der Tod noch ganz lange warten muss, bis er uns auf die Schippe bekommt. Ich glaube, dass Rocco es sogar gut findet, dass ich ausnahmsweise mal nicht viel mehr weiß als er. Denn was den Tod angeht, haben wir alle erst richtig was zu erzählen, wenn wir nichts mehr erzählen können. Ein schwarzes Loch des Wissens in unserer Gesellschaft, über das man ein eigenes Buch schreiben könnte. Mir reicht es, dass meine Kinder wissen, dass wir als Eltern mit unseren Kindern nur einen Lebensabschnitt gemeinsam erleben dürfen. Und dass ich jetzt dafür sorge, dass Rocco ein sauberes (und cooles) T-Shirt trägt und warmes Essen in seinem süßen Bäuchlein hat. Und dass er eines Tages, wenn ich 88 bin, dafür sorgen soll, dass ich jeden Sonntag eine saubere und vor allem bunte Bluse trage und ein feines Stückchen Torte im Bauch habe. Das ist unser Deal.
Dass Rocco genau verstanden hat, wie kostbar das Leben ist, bewies er mir unter anderem an einem Frühlingsabend vor zwei Jahren, als ich im Auto saß und im Begriff war, wegzufahren. Roccolito stürmte auf das Auto zu und ich dachte, er wollte nur noch kurz einen Abschiedskuss abstauben, stattdessen sagte er nur zu mir: „Mamita, falls ich heute *stürbe*, sei nicht traurig, mein Leben hätte nicht besser sein können!"
Mit Franjo habe ich den Deal, dass wir beide die Löffel fest in der Hand halten, um unsere zweite Lebenshälfte gemeinsam in Los Angeles verbringen zu können. Und mit mir selbst habe ich den Deal, dass ich weiterhin das Beste aus diesem wunderbaren Leben mache und es in jeder Facette und jeder Phase wertschätze.

Reife Leistung: Mama werden in der Lebensmitte.

Für die einen markiert die Lebensmitte das Ende ihrer aktiven Rolle als Mutter. Andere schließen da gerade endgültig mit dem Kinderthema ab und wieder andere überlegen erst in dieser Phase, Mutter zu werden. Ich selbst wurde einmal in meinen Dreißigern und einmal in meinen Vierzigern Mama. Und heute bin ich dankbarer als je zuvor für den großen Abstand zwischen meinen Jungs (immerhin siebeneinhalb Jahre) und dafür, dass ich auch Anfang fünfzig noch ganz unbefangen Kinderpartys schmeißen kann, bei denen man sich zu Recht fragt: Wer hat hier eigentlich mehr Spaß? Die Kinder oder doch eher die Mütter? Die Anzahl der Frauen, die mit Mitte vierzig ihr erstes Kind bekommen, steigt stetig. Auch immer mehr prominente Frauen werden erst in ihren Vierzigern oder noch später Mutter: Naomi Campbell mit 48, Halle Berry mit 47, Cameron Diaz mit 45. Alte Mütter sind also in bester Gesellschaft. Ein großes Risiko für den Nachwuchs, sagen manche Mediziner:innen. Ein großes Glück für die Kinder, sagen Psycholog:innen. Und was sage ich: Schön, dass die biologische Uhr heutzutage anders tickt. Und noch schöner, dass wir Frauen dank Methoden wie Social Freezing länger die Möglichkeit haben, Kinder zu bekommen. Immer mehr Frauen lassen ihre Eizellen einfrieren, damit sie auch in ihren Vierzigern deutlich bessere Chancen auf eine schnelle und gesunde Schwangerschaft haben. Ich finde das toll, denn so wird der emotionale Druck von Frauen genommen, alles in einem Jahrzehnt miteinander vereinbaren zu müssen. Denn nicht alle haben in ihren Zwanzigern den passenden Partner gefunden, nicht alle wollen ihre Karriere in den Dreißigern für ein Kind unterbrechen. Die Möglichkeit, auch noch später Mama zu werden, entzerrt und entspannt die ganze Gesellschaft, vor allem aber das Leben der Frauen. Und was andere über den Zeitpunkt deiner Schwangerschaft denken, sollte dir am Ende egal sein. Ich bin kein Fan davon, Menschen in Schubladen zu stecken, nach dem Motto: Die Ü40-Mütter machen dies, das und jenes besser oder schlechter als die Mamas aus der U30-Schublade. Es ist doch ganz logisch, dass ein Kind, das alte Eltern hat, diese vermutlich auch früher verlieren wird, als ein Kind, dessen Eltern bei der Geburt Anfang zwanzig waren. Aber ich kann aus meiner Erfahrung sagen, dass einige der älteren Eltern, die ich kenne, die Zeit mit ihren Kindern intensiver nutzen können.

Ich zum Beispiel hatte für Diego weniger Zeit, als ich sie jetzt für Rocco habe. In meinem Dreißigern habe ich meine Karriere noch viel intensiver verfolgt als heute, wo ich gelassener sein kann, weil ich vieles bereits erreicht habe. Damals gingen demnach zwangsläufig viel mehr Auftritte und Werbeverträge vom gemeinsamen Zeitkonto meines ersten Sohnes und mir ab.

Meinen Rocco hole ich viel öfter von der Schule ab und wir verbringen mehr Zeit zusammen, weil ich weniger Jobs annehme oder innerhalb meiner Aufträge mehr abgeben kann.

Aber jede Frau muss selbst entscheiden, ob und in welchem Alter es für sie richtig ist, ein Kind zu bekommen. Da möchte ich definitiv nicht werten. Als Resümee meines Mamaseins kann ich sagen, dass ich bei beiden Kindern ich selbst war. Das heißt, Rocco hat eine ebenso lustige, frische und dynamische Mama, wie Diego sie hatte, als er jünger war.

Frauen im Nicht-Mutterglück.

Ich selbst bin in meiner Lebensmitte Mama eines erwachsenen Sohnes und eines Schulkindes. Es gibt aber natürlich auch Frauen, die auf eigenen Wunsch hin kinderlos bleiben, und die gelten oft als egoistisch oder gefühlskalt. Im Gegensatz dazu spricht unsere Gesellschaft der Mutter Wärme und Fürsorge zu, der Nicht-Mama werden diese Attribute automatisch abgesprochen. Ich finde es ganz wichtig klarzustellen, dass wir alle keine Mütter werden müssen, nur weil wir es rein biologisch könnten. Es gibt genug Menschen. Die Erde hat jetzt schon Burn-out. Boarding completed. Wir sollten auch nicht Frauen Ende dreißig fragen, wann sie denn nun (endlich) Kinder bekämen. Die Gründe können nämlich vielfältig sein, eines sind sie in jedem Fall: privat. Und ich finde nichts schlimmer, als Frauen mit dieser Frage zu signalisieren, dass das kinderlose Leben einer fruchtbaren Frau nur das Trainingscamp vor ihrem grandiosen Auftritt bei der Welt-Mutterschaft ist. Dass wir Mamas uns moralisch überlegen fühlen. Gewollte Kinderlosigkeit ist in meinen Augen auch als ein emanzipatorischer Akt zu verstehen – immerhin hat diese Frau bewusst entschieden, dass Nachwuchs und seine Betreuung nicht in ihre Lebensplanung passen. Das sollten wir alle respektieren. Und ich wünsche mir, dass wir alle gemeinsam – ob Mutter oder Nicht-Mutter – dafür sorgen, dass jede Frau diese Entscheidung für sich treffen darf. Schließlich ist es ihr Leben und ihr Körper.

Die SUPERMILF wertet nicht, sie lässt alle Lebensentwürfe zu und sie fragt auch nicht nach den Gründen, wieso wer wie viele oder auch gar keine Kinder in diese Welt gesetzt hat. Denn diese Fragerei ist distanzlos und sowieso superheikel. Vielleicht hätte die Frau gerne Kinder, kann aber keine bekommen. Vielleicht hat sie sich noch gar nicht entschieden. Vielleicht will sie einfach kein Kind, weil ihr Leben randvoll und vor allem erfüllt ist. In jedem Fall gilt diese eine Regel: Leben, leben lassen und Leben genießen!

Kapitel 6

Lebensmutig statt lebensmüde! Wie du jetzt durch Self-Empowerment, Einzigartigkeit und Mut beruflich noch mal durchstartest.

Die SUPERMILF findet die Rolle ihres (Berufs-)Lebens.

Als Frau füllst du dein Leben lang unterschiedliche Rollen aus: du bist Tochter, vermutlich Partnerin, du bist vielleicht Mutter, Chefin, Kollegin, Gastgeberin, Köchin. Und weil du eine Frau bist und das von Frauen erwartet wird, möchtest du in jeder Rolle perfekt sein. Das heißt, du hüpfst in zehn verschiedenen Kostümen über die Bühnen deines Alltags und machst das auch verdammt gut. Aber auch wenn es mühelos aussieht, kostet es richtig viel Kraft. Manche Rollen verlangen dir viel ab, für andere musst du kaum proben. Aber die Menge machts. Deshalb finde ich, nach ein paar Jahrzehnten ist es vielleicht an der

Zeit, deine Engagements mal kritisch unter die Lupe zu nehmen. Zu überprüfen, welche Rollen dir noch ein gutes Gefühl geben, dich vollkommen ausfüllen und dir entsprechen. Wofür gibt es Applaus? Wo stimmt die Gage? Wo passt das Ensemble? Und gibt es vielleicht eine Rolle, von der du schon dein ganzes Leben lang träumst, dich aber nie getraut hast, sie zu spielen?

Gerade wenn es um eine berufliche Rolle geht, ist auch in der Lebensmitte noch alles drin. Oder gerade jetzt. Denn noch nie war eine Generation lebensmittiger Frauen besser ausgebildet, als die, die diese Phase gerade erreicht hat: wir. Und trotzdem fragen sich viele von uns, ob unsere Erfahrungen und Qualitäten auch morgen noch gebraucht werden. Ja!, sage ich. Und wenn du in der Lebensmitte Lust auf eine berufliche Neuorientierung hast, dir einen neuen Job suchen musst oder sich eine Herausforderung in deiner Arbeit auftut, dann schlag zu. Denn entgegen vieler Behauptungen bleibt unser Gehirn bis ins hohe Alter lernfähig. Es ist nicht mehr so schnell wie früher, aber es hat bis ins hohe Alter Lust, trainiert zu werden. Selbstverständlich kann auch eine Ü50-Jährige noch studieren oder sich weiterbilden. Leider ist vor allem in konservativen Betrieben der Glaube weit verbreitet, dass man irgendwann „zu alt" zum Lernen sei. Zu alt, um mit den Jungen mitzuhalten und zu alt für neue Maßstäbe. Das führt dann dazu, dass alle das glauben, auch die Ü50er selbst, die dann oft in ihren Rollen versteifen, weil sie die nicht auch noch verlieren wollen – Stichwort „anklammern". Dabei haben wir oft Vorteile gegenüber jüngeren Menschen: Wir sind geduldiger geworden und können diese Tugend beim Lernen anwenden. Darüber hinaus haben wir mehr Ausdauer, wenn es darum geht, sich etwas Neues anzueignen. Wir kommen mit Rückschlägen besser zurecht und lassen uns im Lernprozess nicht demotivieren. Ein Freund von Franjo ist Neurologe. Er hat mir unser Gehirn mal als ein Gelände beschrieben, in dem es viel und wenig befahrene Straßen gibt. Je nach Verkehr sind manche Straßen richtig gut ausgebaut, andere hingegen fast gar nicht. Autobahnen sind also all die Prozesse, die wir ständig ausführen, Landstraßen sind die Dinge, die wir seltener tun, und unbefestigte kleine Straßen wären ganz neue Denkprozesse. Völlig klar also, dass wir beim Erlernen einer neuen Sprache oder eines neuen Prozesses das Sträßchen ein paarmal öfter nutzen müssen, bis es sich verbreitert und irgendwann zur Landstraße bzw. Autobahn geworden ist. Wir haben es also in unseren eigenen Händen bzw. Hirnen, die Infrastruktur in unserem Oberstübchen möglichst vielfältig zu nutzen, damit so viele Straßen wie möglich entspannt befahrbar sind. Andersherum: wenn du immer nur die Autobahn nutzt, werden die anderen Straßen komplett zugewuchert. Das wäre schade, denn ab und zu ein bisschen offroad denken, liefert dem Gehirn die Abenteuer, die es braucht. Also: mach dich an neue Trampelpfade, auch wenn du zwischendrin merkst, dass die Machete schwer wird, und du dir denkst: „vielleicht war Chinesisch doch nicht die richtige Wahl".

Ein weiterer Vorteil vom Ü50-Lernen ist, dass es komplett dir selbst überlassen ist. Keine Lehrer, keine Klassenarbeiten, keine Vorlesung mit Anwesenheitspflicht. Von der Abendschule über Lern-Apps bis zum Privat-Coach – wo ein Wille, da ein Weg oder eben ein Sträßchen. Mit fünfzig musst du also gar nichts herunterfahren. Im Gegenteil: wenn du Lust hast, kannst du sogar noch mal den Reset-Knopf drücken und ganz neu durchstarten – in der Rolle deines (Berufs-)Lebens! Lass dich von nichts und niemandem aufhalten!

Ich hab es eingangs schon mal gesagt: das Alter kann die Jobsuche erschweren. Wir als alte Hasen können nur versuchen, stolz auf unsere Erfahrung zu sein, und dennoch Offenheit signalisieren. Auch ein altes Hirn kann neue, frische Ideen haben, und kluge Personaler:innen schauen sowieso auf Persönlichkeit und Empathievermögen. In erster Linie musst du aber an dich selbst glauben!

Power to you!

Empowerment ist in aller Munde. Jeder will jeden empowern: Chef:innen ihre Mitarbeiter:innen, Mütter ihre Kinder, Frauen andere Frauen, Jüngere die Älteren. Und ich liebe es. Empowern klingt nach kraftvollem Anschubsen, nach liebevollen Arschtritten, nach spürbaren Impulsen in die richtige Richtung. Für mich als rastlose Zappeline kann gar nicht genug empowert werden. Besonders wichtig ist aber, dass wir zuallererst uns selbst stärken: Self(!)empowerment ist das Stichwort. Du „ermächtigst" dich selbst, (er)kennst deine Fähigkeiten, glaubst an sie und hörst auf, schlecht über dich und deine Fähigkeiten zu denken. Wenn du immer nur darüber nachdenkst, was du nicht kannst, ist dieser Gedanke so präsent, dass er dich auch unterbewusst beeinflussen wird.

Wir alle haben Talente und Fähigkeiten. Und die gute Nachricht ist: Die verschwinden im Alter nicht. Ganz im Gegenteil, jetzt ist die beste Zeit, sie auf die Bühne zu holen und ihnen endlich zu einem Auftritt zu verhelfen. Vielleicht sind deine Gaben momentan einfach unter zehn Metern Fürsorge für die Familie und einer dicken Schicht Zweifel vergraben. Aber die SUPERMILF hat Lust darauf, ihre Ressourcen jetzt freizuschaufeln. Denn erst, wenn alle deine Fähigkeiten und Ideen gut sichtbar vor dir aufgereiht sind, wenn du deinen Ressourcen endlich die Chance gibst, bei dir vorzusprechen, kannst du entscheiden, welcher von ihnen du die Hauptrolle in deinem Stück mit dem Titel „Meine Karri-yeah-re in der Lebensmitte" geben willst.

Eine liebe alte Freundin von mir hat während des Corona-Lockdowns ihre große Leidenschaft – das Malen – wieder aufgenommen. Sie hat gemalt und gemalt und festgestellt, dass sie wirklich begabt ist. Und statt weiterhin ihr Licht unter den Scheffel zu stellen und nur in der dunklen Kammer der Bescheidenheit zu pinseln, hat sie ihre Kunst auf Instagram hochgeladen und siehe da: Auch andere fanden sie toll. So gut, dass sie sogar dafür bezahlten oder weitere Bilder in Auftrag gaben. Ihren eigentlichen Job als Visagistin, in dem sie übrigens sehr erfolgreich war, hat sie an den Nagel gehängt, denn das, was sie jetzt tut, kann sie nicht nur sehr gut, es macht sie auch sehr glücklich. Und sie kann inzwischen davon leben – erst neulich hatte sie eine große Vernissage in Hamburg. Sie dankt dem Tag, an dem sie sich selbst dazu empowert hat, erst den Pinsel und dann ihr Handy in die Hand zu nehmen, denn jetzt hat sie etwas, das unbezahlbar ist: einen Job, der ihre Miete bezahlt und den sie von Herzen liebt, weil er sich gar nicht wie Arbeit anfühlt.

Frauen, die sich trauen. Mut kommt gut.

„Alle Träume können wahr werden, wenn wir den Mut haben, ihnen zu folgen." Das sagte schon Walt Disney und er musste wissen, wovon er spricht. Immerhin hatten alle seine Figuren Träume, und hätte er ihnen nicht den Mut verliehen, sie zu verfolgen, säße Arielle noch unglücklich am Meeresgrund, die Schöne hätte aus dem Biest nicht einen wunderschönen Prinzen herausgeküsst und Mulan hätte nicht ganz China gerettet. Bei den Disney-Prinzessinnen steht als oberstes Ziel natürlich kein berufliches: es geht vielmehr darum, einem Mann zu gefallen, einen Mann zu retten oder einem Mann an der Wunderlampe zu reiben, bis er bekommt, was er will. Das alles ist natürlich ganz und gar nicht das Ziel der SUPERMILF, denn das hat sie lange genug versucht. Aber von dem Mut, den alle diese Prinzessinnen aufbringen, um ihr Ziel zu erreichen – davon können wir uns definitiv eine Scheibe abschneiden und sie dafür nutzen, unsere eigenen Karrierepläne zu verfolgen.

Die SUPERMILF hat keine Angst zu scheitern. Sie fürchtet sich nur davor, es nicht probiert zu haben. Diese Tipps machen dich zu der lebensmutigen Frau, die du immer sein wolltest:

Bye, bye Komfortzone

Die berufliche Komfortzone ist der Bereich, in dem du dich bequem und risikofrei bewegen kannst. Hier bist du souverän, denn du weißt genau, wie welche Prozesse ablaufen. Hier bist du aber auch eingeengt und limitiert, denn alles, was dich im Job voranbringen könnte, liegt außerhalb dieser Zone im Nebel. Du kannst nicht ganz sicher sein, dass das, was dich dort erwartet, besser ist als der aktuelle Zustand. In jedem Fall ist es da draußen anstrengender. Und das macht natürlich Angst. Vor der Komfortzone liegt also auch noch eine richtig hohe Hemmschwelle. Aber je länger wir in der Komfortzone bleiben, desto höher wird die Schwelle. Also sollten wir schleunigst darüber klettern – und genau das tut die SUPERMILF! Denn sie ist bereit, ihre Ängste hinter sich zu lassen.

I put my trust in me

Die SUPERMILF wird vom Angsthasen zum Mut-Tiger. Selbstvertrauen ist deine stetige Begleitung und Zutrauen dein Sidekick auf dem Weg durch deine berufliche Laufbahn. Du hast Ziele und du verfolgst sie. Schaust du nach rechts und links? Klar, aber nicht neidisch oder angstvoll, sondern nur, um mit einem Lächeln zu zeigen: Hier bin ich und ich bin nicht nur ein Geschenk für die Welt, sondern auch ein Segen für jeden, der mit mir arbeiten darf. „Kann ich nicht" gibt es in deinem Vokabular nicht. Solange du etwas nicht ausprobiert hast,

kannst du das ja überhaupt nicht beurteilen. Aber das Gute ist: du willst es ausprobieren. Du stehst in der ersten Reihe, wenn es darum geht, dich weiterzuentwickeln. Und in der letzten Reihe, wenn es ums Aufgeben geht. Mit dieser Einstellung nimmst du noch eine weitere Rolle deines Berufslebens ein: du wirst zum Role Model und inspirierst andere Frauen, in der Lebensmitte die Karriere zu machen, von der sie immer geträumt haben.
Eine SUPERMILF lässt sich auch nicht so leicht vom Weg abbringen und vom Runway schon gar nicht. Maye Mask, die ich sehr bewundere, und ich sind dieses Jahr beide in der Show von Philipp Plein auf der Mailänder Fashion Week gelaufen – sie mit 75 und ich mit 55. Alle Models um uns herum waren maximal 25 Jahre alt. Maye und ich waren an diesem Tag nicht nur Models, sondern Role Models für alle Frauen, die nicht an sich glauben oder irgendwann aufhören, es zu tun, und für alle, die denken, dass es für Träume eine Altersbegrenzung gibt.

Englisch: fließend. Body Language: beeindruckend

Die SUPERMILF tritt selbstsicher auf und strahlt Kraft und Ruhe aus. Auch wenn in ihr hin und wieder ein Orkan tobt, ist sie vor Kolleg:innen und Vorgesetzten souverän, präsent und offen. Ich finde, man kann immer sehr gut erkennen, wie selbstbewusst Menschen sind, wenn sie einen Meetingraum betreten: die Sicheren gehen nicht sonderlich leise in den Raum, schließen die Türe, ohne sich abzuwenden und bauen Blickkontakte mit den Anwesenden auf – nach dem Motto: „Hallo, hier bin ich und das ist auch gut so." Die Mäuschen schieben sich lautlos durch einen extraschmalen Türspalt wie ein ungewollter Brief von irgendeinem anstrengenden Amt, drehen sich dann um und schließen mit dem Rücken zu den Menschen die Türe ganz vorsichtig, so als würden sie eine Bombe entschärfen, dann huschen sie auf

Zehenspitzen auf ihren Platz, alles mit einem entschuldigenden Gesichtsausdruck: „Sorry, dass ich euch hier die Luft wegatme. Ich bin auch gleich wieder weg, versprochen."
Das Schlimme ist: Diese Menschen sind oft Frauen und genau die hätten oft einen wertvollen Beitrag zu leisten. Leider verschwinden die aber lieber in ihrem mausgrauen Hosenanzug, der zufällig die Farbe des Teppichs hat. Wenn du zu dieser Sorte von Frauen gehörst, dann mach dich jetzt sofort groß und beginne mit deiner äußeren Haltung deine Innere zu beeinflussen. Das kann auch im Job Wunder wirken, und du wirst sehen: Deine innere Haltung wird deiner Körperhaltung folgen. Walk like a boss und du wirst dich wie die Chefin fühlen!

Fake it till you make it

Die SUPERMILF *fakct*, bis sie es *maket* und bleibt dabei ganz real.
Ich stand Anfang des Jahres ganz überraschend zwischen lauter Profi-Models auf dem Laufsteg der Mailänder Fashion Week. Und ich stand nicht nur, nein, ich walkte auch für Philipp Plein – hin und zurück, aggressiver Blick, keine Zähne, dafür umso mehr Attitüde. Im Publikum saßen mehr als 7000 Menschen, alle davon aus der Szene, und ich behaupte jetzt einfach mal, dass mir niemand angesehen hat, dass ich zuletzt 1995 (da war ich 27) als Model über einen Laufsteg gelaufen bin und dass der deutlich kleiner gewesen ist. Als Philipp mich am Nachmittag vor der Show spontan fragte, ob ich für ihn laufen wolle, dachte ich sehr wohl ganz kurz darüber nach, ob mein Walk neben all den professionellen Models gut und zeitgemäß genug sein würde und ob ich in die XS/S-Teile der Kollektion überhaupt hineinpassen würde. Doch dann dachte ich mir: Ich tu jetzt einfach so, als wäre ich ein international gebuchtes Mannequin Anfang zwanzig, das den ganzen Tag nichts anderes macht als in Glitzer-Jumpsuit mit angriffslustigem Blick durch ein Meer von Leuten zu marschieren. Und es hat geklappt. Sehr

gut sogar. Ich war ganz ich selbst und bin mit einer Portion Adrenalin und einer Extraportion Selbstbewusstsein geradezu über den Runway geflogen. Das Feedback im Publikum war toll und das in den Medien sowieso. Wenn du also in einer Situation bist, in der sich eine berufliche Chance auftut, dann ergreife sie. Auch wenn du denkst, dass du noch nicht alles kannst – du wirst in die Rolle hineinwalken, äh -wachsen! Dass du dabei nichts fakest, sondern deine Unsicherheiten lediglich nicht die Oberhand gewinnen lässt, ist sowieso klar.

Love what you do

Wenn du liebst, was du beruflich tust, wirst du es immer besser machen, als wenn du dich jeden Tag erst in ein Kostüm und dann in den falschen Job presst. Nun könnte man denken: „Ja, danke für den Ratschlag, der wäre vor dreißig Jahren angebracht gewesen, als ich am Einschreibungstag der Uni dachte ‚Ach komm, BWL hört sich doch solide an, außerdem machen das meine Freunde auch'." Und schwupps warst du in einer mittelguten Position in einem mittelständischen Unternehmen und es ging dir immer mittelprächtig. Oder du hast eine super Karriere hinter dir, bist mit deinem Porsche in die Chef:innenetage gerast, warst in New York, Shanghai und Rio, sprichst sechzehn Fremdsprachen, unter anderem Mandarin, und hast acht Jahre in Folge den International Business Award abgeräumt, dein Herz schlägt aber eigentlich schon immer für etwas ganz anderes. Du möchtest nämlich am liebsten den Businessanzug gegen eine Leoleggings eintauschen und als Yogalehrerin auf Ibiza durchstarten. Oder du denkst, in dir schlummert ein Talent, das du mit einer Berufsausbildung zum Leben und letztendlich auch zum Geldverdienen erwecken kannst: Dann go for it! Die SUPERMILF will endlich tun, was sie richtig glücklich macht. In dem Rahmen, der sie glücklich macht. Ich habe superviele Freundinnen, die in der Lebensmitte eine Zusatzausbildung gemacht haben, die sogar noch mal studieren oder sich selbständig gemacht haben, um ihr Berufsleben ganz nach ihren Vorstellungen und Vorlieben gestalten zu können. Und auch wenn das anfangs schwer ist (Komfortzone, Hemmschwelle, Nebel des Grauens), wird es dich bald komplett ausfüllen und du wirst nie wieder über Körpersprache, fehlenden Mut oder Strategien nachdenken müssen, weil du endlich tust, was du liebst. Dann bekommst du auch von mir den SUPERMILF-Award verliehen, und der ist die höchste Auszeichnung im Geschäftsleben einer Frau in der Lebensmitte.

Wasch dich mal – obenrum!

Die SUPERMILF betreibt Gedankenhygiene. Gerade im Job ist es wichtig, deine Gedanken kontinuierlich sauber zu halten – und zwar von negativen Einflüssen. Denn wer einer Frau rät, dass sie einfach mal nichts denken soll, der ist selbst keine Frau und hat keine Ahnung, wovon er redet. Uns schwirren täglich sogar bis zu 80 000 Gedanken im Kopf herum, und auch wenn nur 0,1 Prozent davon wirklich bewusst sind, können wir unser Mindset sauber halten. Indem wir den Kopf mit möglichst vielen guten Informationen füttern. Im Job bedeutet das zum Beispiel, fruchtbare Inspirationen aufzunehmen, sich mit positiven Kolleg:innen zu umgeben und Glaubenssätze zu manifestieren, die dich bestärken, wie zum Beispiel diese hier:
Ich bin gut so, wie ich bin.
Fehler sind Möglichkeiten, besser zu werden.
Ich liebe meine Arbeit.
Ich bin altersmäßig in der Mitte. Aber karrieremäßig immer ganz vorn.

Beruflicher Erfolg beginnt im Kopf. Also denk bei jedem Haarewaschen daran, auch die Sätzchen in deinem Gehirn in Shampoo zu packen. Plus Conditioner. Damit der Mentalspliss keine Chance hat.

Mut heißt auch: Mut zur Lücke.

Die SUPERMILF legt die schwere Robe des Perfektionismus ab, wenn sie ihr schlichtweg nicht passt, und streift sich das leichte Kleid des Pragmatismus über. Denn eine Lücke ist noch lange kein Defizit. Man denke an die Zahnlücke, die so manch einem Model zu Weltruhm verholfen hat. Oder die Lücke im Lebenslauf, die den Recruiter erst auf dich aufmerksam gemacht hat: „Ich sehe, Sie haben Ihren gut bezahlten Job aufgegeben, um ein halbes Jahr mit dem Fahrrad durch Usbekistan zu strampeln? Wann können Sie bei uns anfangen?"

Eine sehr erfolgreiche Unternehmerin aus meinem Bekanntenkreis hat mir mal erklärt, dass auch in Unternehmen Perfektionismus nicht immer den größten wirtschaftlichen Erfolg bringt. Sie wendet das so genannte Pareto-Prinzip an, auch als 80–20-Regel bekannt. Diese Regel basiert auf der Erkenntnis, dass man mit zwanzig Prozent Einsatz schon achtzig Prozent des gewünschten Erfolgs erzielen kann. Für die letzten zwanzig Prozent hingegen sind dann noch achtzig Prozent Einsatz nötig. Ziemlich viel Energie und Zeit, wenn man bedenkt, dass es sich oft um Teilaufgaben und Kleinkram handelt, der am Ende keinem auffällt. Natürlich gilt das nicht immer. Ein Arzt kann nicht nach achtzig Prozent aufhören – nach dem Motto: „Das letzte Stückchen Blinddarm lasse ich mal dran, ist ja nur Kleinkram." Und es heißt auch nicht, dass man schlampig arbeiten sollte, im Gegenteil: volle Konzentration und Gewissenhaftigkeit sind in der verfügbaren Zeit ein Muss. Es geht nämlich genau darum, die Abläufe eines Unternehmens zeitlich zu managen – oder eben deine persönlichen Projekte. Um es jetzt mal mit zwanzig Prozent Aufwand zu erklären:

First things first: Priorisiere deine Aufgaben! Mach dir To-do-Listen, die du abhaken kannst. Erledige die anspruchsvollste Aufgabe gleich zu Beginn, dann ist dein Kopf frei für den Rest des Tages.

Keep it real: Was kannst du schaffen? Wie viel Support hast du? Wie viel Geld bringt dir das Projekt? Wenn du merkst, dass du Dinge einfach nicht unterbringst, dann hol dir Unterstützung oder arbeite einen Plan aus, mit dem du Ziele realistisch erreichst.

Stick to the Deadlines: Steck dir zeitliche Ziele und halte sie ein. Auch innerhalb eines Tages können dir Milestones helfen, schneller ans Ziel zu kommen.

You are not alone.

Die SUPERMILF weiß, dass wahre Stärke auch darin besteht, Hilfe anzunehmen. Es ist nichts Schlimmes, Hilfe zu brauchen. Hol dir Unterstützung. Vielleicht ist es an dieser Stelle an der Zeit, mit zwei Missverständnissen aufzuräumen:

1. „Wer sich Hilfe holt, ist schwach!" Bullshit! Du bist sogar stark, wenn du dir Unterstützung holst. Und du wirst dich dadurch weiterentwickeln und wiederum selbst für andere eine Unterstützung sein. Win-win, könnte man sagen.

2. Alle erfolgreichen Menschen schaffen es ohne Unterstützung! Stimmt nicht! Oder wieso würden sich sonst supererfolgreiche Schauspieler oder Musiker bei Preisverleihungen bei ihrem Team, der Familie oder sonstigen Supportern bedanken? Nie-

mand, der wirklich erfolgreich ist, schafft das ohne jemanden, der an ihn glaubt, ihn fördert oder unterstützt.

Unterstützung im Job: Top!

Aus Kolleg:innen werden Freund:innen

Wenn man sich ehrlich unterstützt, können aus Arbeitskolleg:innen Freund:innen werden. Ich selbst kenne einige meiner Freund:innen über meinen Job, und es sind ausschließlich Leute, mit denen ich offen über Defizite sprechen konnte. Denn nur Nobody is perfect und Nobody ist sicherlich immer noch allein.

Aus einem Supporter wird ein Kontakt

Oft ergeben sich aus Situationen, in denen man um Hilfe bittet, neue Kontakte, die auch helfen, das eigene Netzwerk zu erweitern. Denn jeder neue Bekannte im Job kann ein interessanter Businesskontakt sein.

Rückhalt entspannt

Wenn du regelmäßig die Erfahrung machst, dass du dich auf dein Arbeitsumfeld verlassen kannst, bist du nachweislich weniger gestresst. Und das ist eine allgemeine Arbeitserleichterung, um die du bei deiner ersten Frage nach Hilfe gar nicht gebeten hast!

Hol das Beste aus dir raus

Wenn du zum Beispiel Hilfe bei der beruflichen Neuorientierung suchst, wirst du merken: Es ist alles schon da – es muss nur sortiert werden. Bei einem Coaching erarbeitest du gezielt, was du machen und was du nicht machen möchtest. Wie und was willst du in den nächsten Jahren verändern und noch erreichen? Mit guter Unterstützung öffnest du deine Schatztruhe der Möglichkeiten, und die ist ganz sicher randvoll.

Zeit für Herzensprojekte

Viele meiner Freund:innen haben jetzt in der Lebensmitte Zeit für ein Ehrenamt oder etwas, das ihnen wirklich am Herzen liegt. Und sie haben das tiefe Bedürfnis, etwas Gutes zu tun. Von einmal in der Woche bei der Tafel helfen über Patenschaften von Kindern übernehmen, die auf Unterstützung angewiesen sind, bis hin zu aktivem Engagement in Tier- oder Umweltschutzorganisationen. Tätigkeiten, in denen man nicht mit Geld bezahlt wird, sondern mit Glücksgefühlen und Dankbarkeit. Übrigens nicht nur die Dankbarkeit der anderen, sondern vor allem eine tiefe Dankbarkeit für die eigene Situation. Das klingt jetzt schon nicht mehr nach dem uneigennützigen Grundgedanken des Ehrenamtes, aber sind wir doch mal ehrlich: kein Mensch macht irgendwas ohne einen Grund. Und wenn dein Grund dafür, Patin eines santorinischen Esels zu werden, der ist, dass du dich besser fühlst, weil du den armen Tieren der Welt fünfundzwanzig Euro im Monat bezahlst, dann finde ich das einen fairen Deal.
Ich engagiere mich seit Anfang der 1990er-Jahre für die SOS-Kinderdörfer. Mein Herzensprojekt ist das Kinderdorf El Alto in Bolivien, meinem Geburtsland. Für die Realisierung dieses Projekts habe ich mit Sponsor:innen und Freund:innen über eine Million Euro gesammelt und schließlich 2001 selbst den Grundstein gelegt. Seitdem war ich viele Male dort und unterstütze die Menschen selbstverständlich weiterhin, die den über hundert Kindern in „Veronas Casita“ eine lebenswerte Kindheit ermöglichen. Ich war auch in vielen anderen SOS-

Kinderdörfern und es hat mich nachhaltig beeindruckt, mit wie viel Herzblut das Team sich für die Zukunft der Kinder einsetzt. Das kann ich nur unterstützen.
Du siehst, es war mir schon immer wichtig, mich sozial zu engagieren, aber seit ich selbst Mutter bin und auf so viele glückliche, gesunde Jahre in einem Land blicke, das uns einen unglaublich hohen, angstfreien Lebensstandard ermöglicht, ist es mir noch wichtiger, etwas meines Glückes zurückzugeben.
Ich bin gern geladener Gast bei Spendengalas und Charity-Veranstaltungen und am Spendentelefon bin ich genauso ehrgeizig wie auf dem Mailänder Runway. Ich habe danach immer ein richtiges „Helper's High", und für dieses Glücksgefühl musst du weder tausende von Euros spenden noch täglich Heldentaten vollbringen. Es reicht, sich ein bis zwei Herzensangelegenheiten rauszusuchen, sich regelmäßig für sie zu engagieren und die Welt so zumindest ein kleines bisschen besser zu machen. Jeder in seinem Rahmen. Aber wir alle zusammen.

Kapitel 7

Tschau, Östrogen! Hallo, neue Weiblichkeit! Wieso die Wechseljahre definitiv kein Verlustgeschäft sind.

Licht ins Hormondunkel.

Jetzt mal Hand aufs Höschen: wir wissen alle viel zu wenig über unsere Hormone und darüber, wie sie bei jeder Aktion unseres Körpers ihre Fingerchen im Spiel haben. Ja, wir haben mal gehört, dass es sie gibt, vor allem, weil Männer gern mal nachfragen, ob der für sie schwer einschätzbare, ungewohnte Gefühlszustand ihrer Frau eventuell mit einem oder mehreren Hormonen zusammenhängen könnte. Und die Frage nervt, weil sie aus Nichtwissen entsteht und der Frau unterstellt, ein von Hormonen kontrollierter Drache zu sein. Aber ganz unbegründet ist die Frage trotzdem nicht, denn wir Menschen – und da sind Männer mitgemeint – sind komplett hormongesteuert. Die Frage ist also nicht nur voll daneben, sondern auch unnötig. Hormone sorgen für Wachstum und Gefühlszustände, Hormone regeln unseren Energiehaushalt und sichern unser Überleben. Hormone sind ein Traum, wenn sie im Gleichgewicht sind, und ein Alptraum, wenn sie es nicht sind. Ohne Hormone kein „himmelhoch jauchzend", aber auch kein „zu Tode betrübt". Ohne Hormone kein Leben. Der Begriff leitet sich aus dem Altgriechischen „horman" ab, was so viel bedeutet wie „antreiben". Hormone sind also so etwas wie topmotivierte und untereinander supervernetzte Mitarbeiter:innen im Hotel „Körper". Sie sind laufend unterwegs und regen Organe und Zellen an, sich zu bewegen. Ihr Boss sitzt in der Zentrale im Gehirn, wo er bestimmt, wann und wo Hormone freigesetzt werden und wo genau sie hinmarschieren sollen. Hormonproduzierende Drüsen befinden sich überall im Körper, zum Beispiel in der Hypophyse, Zirbeldrüse, Schilddrüse, den Nebennieren, der Bauchspeicheldrüse, den Hoden (wenn man welche hat) und – besonders interessant für uns Frauen in der Lebensmitte – in den Eierstöcken.

Ich bin ehrlich: Ich wusste lange Zeit nicht sehr viel über Hormone und ihre Aufgaben im Körper. Es ist ja ein bisschen so wie mit dem Autofahren: Solange die Karre schnurrt und fährt, ist einem egal, was unter der Motorhaube los ist. Hauptsache, die Felgen glänzen. Aber wehe, man hat eine Panne. Dann steht man da und denkt sich: Wagenheber? Ich dachte, das sei Franjos Schuhlöffel? Man kann und muss natürlich den Pannendienst aka (Frauen-)Arzt einschalten, und das sollte man auch wirklich immer tun, wenn einem irgendwo unwohl ist, aber um erstmal grundlegend zu verstehen, was in unserem Motorraum abgeht, tut es auch mein kleiner Crashkurs zu den biochemischen Vorgängen. Lasst uns gemeinsam einen Blick auf die erstaunliche Welt der Hormone werfen.

Die SUPERMILF weiß: Wissen ist Macht. Nix wissen ist Ohnmacht.

Stellen wir uns also vor, unser Körper wäre ein gut laufender Ferienclub und die Hormone sind die Mitarbeiter:innen. Ungefähr fünfzig solcher topmotivierten Spezialtrupps sind tagtäglich in unserem Körper, also dem Hotel unterwegs und sorgen dafür, dass die Gäste wie Stoffwechsel, Muskeln oder Blutzuckerspiegel nicht nur bestens unterhalten werden, sondern auch in allen Situationen richtig reagieren. Weil ihr Boss ein echter Kontrollfreak ist, sind sie alle untereinander und mit ihm verbunden, damit sie ja auch immer in der richtigen Anzahl zur rechten Zeit am rechten Ort erscheinen.

Da gibt es zum Beispiel Adrenalin, das sorgt dafür, dass die Gäste in einer gefährlichen Situation reaktionsfähig bleiben. Es stellt uns kurzfristig Energie bereit, damit wir schnell handeln können. Nicht umsonst wird es auch das Mut-Hormon genannt. Oder Serotonin, das für richtig gute Stimmung sorgt. Sie ist die Bestgelaunte unter den

Hotelmitarbeiter:innen und läuft den ganzen Tag mit einem Ghettoblaster auf der nackten Schulter herum, aus dem „Ich will Spaß" dröhnt. Und wo sie auftaucht, grölen alle begeistert mit. Melatonin hingegen sorgt dafür, dass du gut schlafen kannst: sie zupft auf ihrer Harfe, singt ein sedatives Wiegenlied, und schon fallen alle in einen tiefen Schlummer.

Es gibt noch viele weitere Hormone: das „Kuschel- und Bindungshormon" Oxytocin, das Belohnungshormon Dopamin und der Arnold Schwarzenegger unter den Hormonen, das Somatropin, und noch viele mehr. Sie alle haben wichtige Funktionen in unserem Körper. Ich möchte mich aber auf die konzentrieren, die für uns Frauen als reproduktive Wesen die größte Rolle spielen. Es sind natürlich die drei Sexualhormone, die einen eigenen Trakt leiten und sich für einen reibungslosen Betrieb untereinander stark abstimmen müssen:

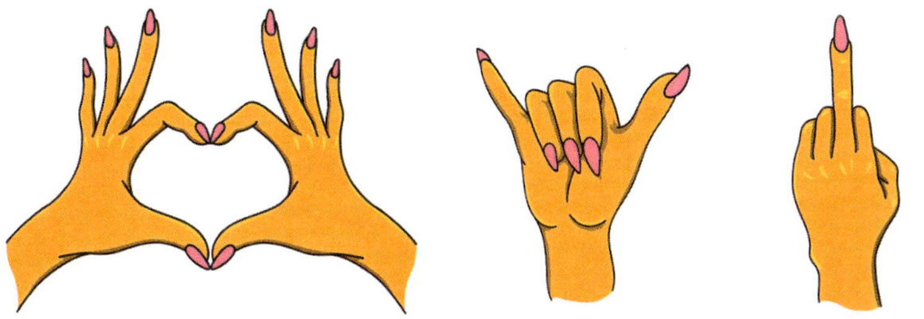

Östrogen **Progesteron** **Testosteron**

1. Östrogen :

Sie ist eine harmoniebedürftige, empfindsame Sängerin, die bei ihren Auftritten am liebsten Schmuse-Balladen singt. Östrogen kümmert sich außerdem liebevoll um die Verköstigung der Gäste und veranstaltet romantische Dinner am Strand. Signature-Geste: zwei Hände, die ein Herz formen.

2. Progesteron :

Diese extrem coole Lady läuft am liebsten in Relaxed Fit Shorts herum, gibt Yogakurse und leitet den Hängematten-Verleih. Sie will, dass alle entspannt bleiben und mal 'ne Runde chillen. Signature-Geste: das Hang-Loose-Handzeichen der Surfer-Community.

3. Testosteron :

Der abgeklärte und ab und zu aggressive Muskelprotz leitet das Boxstudio und den geheimen Swingerclub. Er ist analytisch und denkt (wenn nicht mit seiner Aubergine) mit dem Kopf. Signature-Geste: Stinkefinger.

Kontrolliert werden die drei von der Chefetage im Gehirn aus, im Trakt des limbischen Systems, dem Hypothalamus. Er verteilt die Aufgaben und hat den Überblick.
Der Big Boss ist alleine jedoch nicht handlungsfähig, er braucht seine stellvertretende Geschäftsführerin – die Hypophyse. Der Hypothalamus sendet ihr anhand von hemmenden oder anregenden Steuerhormonen ein Stop oder ein Go. Die Hypophyse schickt dann wiederum die Hormone los. Daneben bildet sie selbst Hormone aus, zum Beispiel das Follikel-stimulierende Hormon (FSH), eine Art Coachin, die die Eierstöcke zur Bildung von Östrogen und die Reifung der Eizellen anregt, und das luteinisierende Hormon (LH), das ein Gelbkörper-Spezialist ist und außerdem den Eiern auf die Sprünge hilft.
Im Hotel Frau laufen viele Prozesse als Zyklen ab – das Leben einer gesunden Frau ist in drei große Abschnitte geteilt, innerhalb derer das Hotel regelmäßig mit Unterstützung der Hormone umgebaut wird:

Abschnitt 1: Geburt bis Pubertät. Wir Frauen haben schon die ersten Millionen ausgegeben, bevor wir überhaupt auf der Welt sind. Ich spreche von Eizellen. Ein weiblicher Fötus hat sechs bis sieben Millionen davon in seinen Eierstöcken und kommt nur noch mit etwa einer Million auf die Welt. Wie viele Eizellen wir auf dem Konto haben, ist also bei unserer Geburt bereits festgeschrieben. Bevor wir überhaupt in die Pubertät kommen, verlieren wir weiterhin 11 000 Eizellen pro Monat. Das bedeutet, bis zur Pubertät sind schon nur noch 400 000 übrig. Und ab da geht's flotten Schrittes in Richtung Eizellen-Bankrott – der Menopause.

Abschnitt 2: Menarche bis Menopause. Wie bitte, was für eine Arche? Nein, keine Arche. Menarche. So heißt die erste Monatsblutung. Dann beginnt die reproduktive Phase im Leben der Frau, die Geschlechtsreife. Ab sofort haben unsere fleißigen Hormon-Mitarbeiter:innen Monat für Monat nur noch ein Ziel: Sie bauen ein Nest in der Gebärmutterschleimhaut und warten auf eine befruchtete Eizelle. Im Durchschnitt machen sie das bei jeder Frau rund 400-mal in Zyklen, die jeweils rund 28 Tage dauern. Eine echte Lebensaufgabe also. Ob so ein Monatszyklus rund läuft, hängt davon ab, wie gut unsere Hormone als Team zusammenarbeiten. Wer dabei welchen Job zu erledigen hat, schauen wir uns jetzt an.

Jeder Monatszyklus beginnt mit der Periode, also dem Abtransport der überflüssigen Gebärmutterschleimhaut. In dieser Zeit machen sich Östrogen und Progesteron rar, vielleicht, weil sie beide kein Blut sehen können. Die Abwesenheit dieser zwei wichtigen Ladies drückt bei vielen von uns auf die Stimmung und kann vier bis fünf Tage andauern. Anschließend schickt die Hypophyse ihre eigens gecoachte FSH-Truppe los, um die Follikel zu stimulieren und die beste Eizelle aus dem Eierstock zu locken. Östrogen ist in dieser Phase wieder am Start und baut an der Gebärmutterschleimhaut fleißig ein kuscheliges Nest, in dem die befruch-

tete Eizelle landen soll. Dabei trällert Östrogen einen Gute-Laune-Song nach dem anderen und sorgt für eine gute, unbeschwerte Stimmung.
In der Zyklusmitte springt schließlich das Gewinner-Ei in den Eileiter und macht sich auf Richtung Gebärmutter. In dieser Phase, die nur 12 – 24 Stunden dauert, könnte es theoretisch befruchtet werden, und um ehrlich zu sein: Alle warten darauf, denn unsere Sexualhormone wollen eigentlich aus jeder von uns ein Hotel Mama machen. Zu dieser Zeit kommt auch Testosteron auf den Plan und macht in seinem geheimen Swinger-Club ordentlich Werbung für ein bisschen Zeugungs-Rambazamba.
Aus der Follikelhülle, aus der das Ei gehüpft ist, entsteht durch Upcycling der Gelbkörper, der nun Progesteron vom Strand an die Gebärmutterschleimhaut zurückpfeift, wo sie dem bald eintreffenden Gast Gefäße und Nährstoffe zur Verfügung stellt. Wenn der Gast nicht kommt, verschwinden der Gelbkörper und auch Progesteron zieht sich zurück, die Gebärmutterschleimhaut schrumpft und wird schließlich wieder abtransportiert.

Abschnitt 3: Perimenopause bis Postmenopause. Gehen wir mal davon aus, dass die Menstruationszyklen etwa fünfundzwanzig Jahre relativ rund laufen. Bis dahin haben unsere Eierstöcke bereits wie sorglose Lottogewinnerinnen ihr Eizellenkonto so sehr geplündert, dass schon mit Anfang vierzig nicht mehr viel übrig ist. Die Rest-Eier sind außerdem nicht mehr ganz so frisch wie die in unseren Zwanzigern und springen gern mal etwas uneleganter in den Eileiter. Das hat zur Folge, dass der Gelbkörper auch nicht mehr richtig performt und Progesteron sich rar macht. Klassischer Fall von ganz mieser Gruppendynamik. Manche Eier springen auch überhaupt nicht mehr. Dann hinterlassen sie auch keine Hülle, aus der der Gelbkörper geupcycelt wird, und dann gibt es auch keinen Abtransport. Es sei denn, Östro-

gen wurde nicht über das Ausbleiben des Eiergastes informiert und baut trotzdem brav an der Gebärmutter ein Nest. Bis ihr irgendwann der Fehler auffällt und sie völlig ausflippt und das ganze riesige Gebärmutternest aus dem Fenster wirft. Dann kann es sogar zu einer extrastarken Blutung kommen, die sich auch noch verspätet. Danke für nichts, würde ich mal sagen.
Es ist Fakt, dass die Zyklen sich ab Ende dreißig verändern. Und dass sich vor allem Progesteron immer öfter rar macht. Das kann sich auf dein Wohlbefinden auswirken und sogar deine PMS noch verstärken. Nix mit Hang Loose – dann ist echtes Durchhängen angesagt. Auch hier ist der Verlauf ganz individuell, manche von uns merken von den Zyklusveränderungen nichts und andere quälen sich jeden Monat mit einem neuen Symptom. Die Perimenopause kann bis zu fünf Jahre dauern. In dieser Zeit bereiten Progesteron und Östrogen bereits ihren Ruhestand vor, und wie das so ist, wenn man schon gekündigt hat, dass man geht: da schwänzt man eben auch mal oder macht seine Arbeit nicht mehr ganz so sorgfältig wie früher oder aber man ist übermotiviert, weil man weiß, dass der Job bald hinter einem liegt. Die Zeit der Perimenopause ist also eine Phase, in der permanente Veränderungen in deinem Körper stattfinden, die sich, wenn du Pech hast oder nichts dagegen tust, auch auf deine Psyche und dein Wohlbefinden auswirken.

Abschnitt 4: Postmenopause. Etwa ein Jahr nach der letzten Regelblutung sind die Eierstöcke leer und Progesteron und Östrogen weitestgehend in Rente. Der Hormonhaushalt kommt langsam zur Ruhe und pendelt sich auf dem neuen Niveau ein. Wenn du Pech hast, tanzt Testosteron in den leeren Hallen und beschert dir einen pfiffigen Damenbart auf der Oberlippe. Es schenkt dir dafür aber auch mehr Haare auf den Zähnen. Im besten Sinne, denn die schaden uns in diesen Zeiten gar nicht! In den kommenden zehn Jahren haben manche Frauen aufgrund des abwesenden Östrogens mit Antriebslosigkeit zu kämpfen. Andere merken, dass die Haare dünner und die Schleimhäute trockener werden. Falten gibt es noch gratis obendrauf und es fällt uns schwerer, abzunehmen. Was hingegen von ganz alleine abnimmt, ist die Knochendichte. Die Anfälligkeit für Rückenschmerzen, Herz-Kreislauf-Erkrankungen und Diabetes steigt hingegen in diesen Jahren. Das klingt jetzt zugegebenermaßen nicht mehr nach der Lobeshymne an die Lebensmitte, die ich zu Beginn des Buches versprochen habe. Aber man muss seine Feinde ja kennen, damit man sie bekämpfen kann, und deshalb habe ich auch zu vielen Beschwerden Ideen für Linderung. Denn das Gute an allen Symptomen ist: **Du musst sie nicht aushalten.**

Schauen wir uns also die Menopause und ihre Vorboten und Nachhut noch mal genauer an und legen den Fokus auf die häufigsten Symptome und deren Linderung. Zwei Drittel der Frauen haben ja sehr schwache bis keine Wechseljahr-Symptome. Zu dieser Gruppe gehöre ich. Meine Tipps sind daher von meinen Freundinnen und mir zusammengetragene Insidertipps für leichte Beschwerden und keine Hormontherapien. Wenn du zu dem Drittel der Frauen gehörst, die starke Beschwerden haben, solltest du in jedem Fall einen Expert:innen-Rat beim Arzt deines Vertrauens einholen. Weiterlesen schadet dennoch nicht, denn was jetzt kommt, kennen wir Frauen in der Lebensmitte doch eigentlich alle – nur eben in unterschiedlichen Intensitätsgraden:

1. Schlaflos in Meerbusch.

Auf die Frage „Verona, bist du ein Nacht- oder ein Morgenmensch?" antworte ich meistens mit „Ja". Ich bin beides. Ich gehe erst um Mitternacht ins Bett, stehe aber um 7 Uhr wieder auf. Und dann bin ich fit, denn mein Schlaf ist tief und fest und erholsam. In meinen Endvierzigern gab es aber eine Phase, da lag ich die halbe Nacht wach. Gegen 02:30 Uhr fragte mich ein Stimmchen in meinem Kopf Dinge, die ich tagsüber einfach mit einem „frag doch nicht so doof!" weggewischt hätte. Aber nachts waren die kleinen Sorgen auf einmal riesengroß. Und der größte Mist: ich musste ja trotzdem am nächsten Tag fit sein.

Und wenn dann noch neben dir am Frühstückstisch ein Mann sitzt, der bestens ausgeruht fragt: „Du, wenn du schon dabei bist, machst du mir auch einen Kaffee?", und vor dir ein Glas Schokocreme mit dem Werbeslogan „Der Morgen macht den Tag" steht, dann willst du den Kopf des Mannes einfach nur in das Glas stecken, schütteln und laut schreien: „Zum einen heißt es *bitte* und zum anderen macht die *Nacht* den Tag!!!!!" Ich denke, dass solche Szenen keine Seltenheit in deutschen Küchen sind, weil der Progesteron-Mangel in der ersten Phase der Menopause bei vielen Frauen die Schlaftiefe beeinflusst. Unausgeschlafene Frauen in der Lebensmitte – I feel you!

Mein Tipp:

Carpe ~~Diem~~ Noctem. Nutze die Nacht. Wenn du schon wach bist, dann steh auf. Lass deine grausigen Gedanken unter der Bettdecke und mach irgendetwas, das dich auf bessere Gedanken bringt. Ich war schon mitten in der Nacht joggen, habe Kuchen gebacken oder meinen Kleiderschrank aufgeräumt. Wer ins Tun kommt, wird auch automatisch irgendwann müde. Und wenn das nicht hilft: Einschlaf-Tees mit Baldrian oder Melisse wirken entspannend und angstlösend und helfen dir in den Schlaf.

2. Temperaturschwankungen.

Hitzewallungen sind eines der Top-Markenzeichen der Wechseljahre. Zum Glück hielten sie sich bei mir in Grenzen. An eine meiner ersten Hitzewallungen kann ich mich aber gut erinnern. Ich war bei einer TV-Aufzeichnung, die sich ewig hinzog, das ist nichts Ungewöhnliches bei Fernsehproduktionen. Ich saß in Lackhose, Stilettos, Bluse und streng zurückgekämmten Haaren auf meinem Stühlchen. Auch das nicht ungewöhnlich. Was an diesem Tag anders war, war der Umstand, dass ich das Gefühl hatte, von innen heraus zu glühen, und ständig unauffällig kontrollierte, ob man den Schweiß nicht auf der Stirn sehen konnte. Meine Visagistin war die einzige außer mir, der mein Verhalten komisch vorkam – ich bin eigentlich niemand, der schwitzt. Sie fragte mich nach der Sendung, ob ich vielleicht Hitzewallungen hätte. Ich hätte es gern auf mein heißes Lackoutfit geschoben, aber ich musste mir eingestehen, dass das eventuell die Vorboten der Menopause waren. Zum Glück sprach ich rechtzeitig mit meiner Freundin Dr. Petra Algenstaedt darüber und sie konnte mir relativ schnell helfen.

Hitzewallungen werden in Magazinen und Filmen häufig dargestellt, weil man sie so wahnsinnig gut bildlich zeigen kann. Meist steht die geplagte Mittvierzigerin mit rotfleckigem Gesicht am offenen Fenster und reißt sich das Sweatshirt am Kragen nach unten, um nicht im eigenen Saft zu vergären. Von einer Freundin weiß ich allerdings, dass es ihr noch übler ging. Denn oft war kein Fenster in der Nähe und sie trug auch kein leichtes Sweatshirt, sondern riss sich mitten in der Warteschlange vor dem Postschalter die acht Schichten ihres Winter-Outfits vom Leib, die irritierten Seitenblicke waren vorprogrammiert.

Schuld an den Temperaturschwankungen ist übrigens wieder mal der sinkende Östrogenspiegel, aber diese Info hilft einem auch nicht. Weder wenn man tagsüber fliegende Hitze hat, noch wenn der Schweiß nachts über einen herfällt, wie es der Ehemann noch zehn Jahre vorher getan hat: beginnend an der Brust und dann mit heißem Händchen über den ganzen Körper. Zum Glück gibt es ein paar Dinge, die man gegen die Hitze unternehmen kann. Die Damenbinden, die man nicht mehr braucht, in der Postmenopause als Achselpads zu benutzen, gehört übrigens nicht dazu.

Mein Tipp:
Go veggie! Kein Witz, wer sich fleischlos ernährt, ist cooler. Mehr Gemüse, Obst, Ballaststoffe und Soja plus viele Omega-3-Fette vertreiben die Hitze und machen außerdem einen schlanken Fuß.

3. Das HorMonster.

Eine meiner engsten Freundinnen ist vor Kurzem völlig ausgeflippt, weil ihr Mann seine Schuhe nach dem Nachhausekommen nicht direkt ins Regal geräumt hat. Sie empfand sein Verhalten als respektlos. Am liebsten hätte sie ihm einen Schuhlöffel an den Kopf geworfen, aber den konnte sie nicht finden. Also beließ sie es bei wüsten Beschimpfungen. Dass sich in einer friedliebenden Person wie ihr plötzlich so starke Aggressionen rührten, fand sie unheimlich. Und ich übrigens auch. Immerhin fahren wir oft gemeinsam in den Urlaub und bewohnen dasselbe Zimmer. Und ich habe auch sehr viele Schuhe. Es war also enorm wichtig für mein eigenes Überleben, die Ursachen abzuklären! Ihre Gereiztheit hing tatsächlich mit dem abfallenden Östrogenspiegel zusammen, dazu fiel auch noch das Chill-Hormon Progesteron weg. Zurück blieb eine erhöhte Konzentration an männlichen Hormonen – fertig war das HorMonster! Eine leichte Hormontherapie konnte ihr schließlich helfen, und ich schlafe wieder ruhig, wenn wir ein Hotelzimmer teilen.

Mein Tipp:
Unbedingt erstmal klären, welche Gemütsregungen hormonell bedingt sind und welche eine Reaktion auf die äußeren Lebensumstände sein können. Setz dich ehrlich mit dir selbst auseinander und entledige dich jetzt allem, was dich zu einem schlechteren Menschen macht als zu der tollen Frau, die du in der zweiten Lebenshälfte sein möchtest!

4. Auch nicht mehr ganz dicht?

Ich habe Freundinnen, die überlegen sich es seit ihren Vierzigern zweimal, ob sie im Trampolinpark einen flotten Grätschsprung machen sollen oder ihre Kids lieber von der Muddi-Area aus beobachten. Sie hätten richtig Lust auf Springen. Aber sie lassen es dann schließlich, aber nicht, um ihren Teeniekids die Peinlichkeit einer jumpenden Mutter zu ersparen oder um die morschen

Knochen zu schonen, sondern weil sie befürchten, dass ihnen beim Aufkommen etwas entkommen könnte. Und zwar Urin. Sie leiden unter einer so genannten Stressinkontinenz. Typisch dafür ist unkontrollierter Urinverlust beim Lachen, Husten, Springen oder schweren Heben – immer, wenn der Druck im Bauchraum plötzlich steigt. Das Gemeine: man verspürt vorher keinen Harndrang. Das heißt, wenn du es merkst, ist das Kind schon in den Brunnen gefallen aka der Strahl in den Schlüpper. Einen Drang spürt man bei der so genannten Dranginkontinenz, aber leider so akut, dass man es meist nicht mehr auf die Toilette schafft. Es gibt allerdings, gerade bei Frauen nach den Wechseljahren, auch Mischformen, also dass man auf dem Trampolin sehr wohl merkt, dass man mal Pipi muss, es aber nicht mehr rechtzeitig schafft. Vielen Dank auch.

Die Stressinkontinenz trifft einige Frauen in ihrer Lebensmitte und wie so oft ist die Schwerkraft schuld, das Alter, eine Geburt oder häufiges schweres Heben. Zum Glück kann man auch dagegen so einiges unternehmen.

Ein Tipp meiner Yogalehrerin:

Ein starker Beckenboden ist das beste Mittel gegen Stressinkontinenz. Fang direkt damit an, ihn zu aktivieren! Es gibt online hunderte Übungsanleitungen, die man auch ganz leicht in den Alltag integrieren kann. Übrigens: den Urinstrahl unterbrechen, um so Porzellan-Morsezeichen zu machen, ist keine gute Idee. So lernt die Blase nur, dass sie sich nicht ganz entleeren darf.

Was aber wirklich hilft, wenn man ganz dringend zur Toilette muss und Angst hat, es nicht mehr zu schaffen: Tu so, als würdest du ein Bonbon lutschen. Kiefer und Beckenboden sind über Faszien verbunden, und glaub mir einfach – es funktioniert!

5. Wüste Zeiten

Wenn man sich im Werbeblock direkt vor den 20-Uhr-Nachrichten angesprochen fühlt, ist man definitiv in der Lebensmitte angekommen oder hat sie bereits überschritten. Da sollen schmerzanfällige Menschen wie du und ich uns den verspannten Rücken mit Wärmepflastern bekleben, Männer, die plötzlich ständig Pipi müssen, sollen Kürbiskernkapseln einnehmen (vielleicht sollten wir ihnen mal sagen, dass es auch hilft, einfach nur so zu tun, als würden sie die lutschen!) und wir sollen – aufgepasst, so stehts im Beipackzettel – die Scheiden fleißig mit einer Creme salben, deren Name ein Anagramm des Wortes „Vaginas" ist. Denn lasst uns das Kind beim Namen nennen: Scheidentrockenheit betrifft jede zweite Frau in der Lebensmitte. Dass aus dem Feuchtgebiet eine Wüste wird, hängt damit zusammen, dass das Östrogen auf dem Rückzug ist und die Scheidenschleimhaut gleich mitnimmt. Die Folge: es reibt im Schritt, es nervt beim Sport und schmerzt beim Sex. Müssen wir nun damit leben? Nein! Es gibt sehr viele Gels und Cremes, die auch hormonfrei Abhilfe schaffen.

Ein Tipp:
Benutze ein Produkt, das dem „sauren" pH-Wert einer gesunden Vagina entspricht!

6. Steife Glieder auch bei Frauen

Steifheit am Morgen? Kennen wir. Bisher allerdings eher von Männern. In der Lebensmitte sind nun endlich wir dran – allerdings nicht nur in einem Glied, sondern in allen: Gelenk- und Muskelschmerzen in den Beinen, Armen, Fingern, kurz gesagt, einfach überall. Die Symptome ähneln denen von Arthritis in den Gelenken, das muss aber nicht sein, denn oft und vor allem, wenn du nie oder nur selten unter Gelenkschmerzen gelitten hast, sind vermutlich die Wechseljahre und genauer gesagt wieder einmal das Östrogen daran schuld. Ganz geklärt ist der Zusammenhang nicht, aber es ist wahrscheinlich, dass der sinkende Östrogenspiegel einen Einfluss auf die Durchblutung des Bindegewebes hat, das unsere Gelenke umhüllt. Es wird weniger elastisch und in den Gelenken wird weniger Flüssigkeit gebildet. Das Tückische an den Gelenkschmerzen ist, dass sie häufig nach der Postmenopause nicht verschwinden. Umso wichtiger ist es, entsprechende Lifestyle-Änderungen vorzunehmen wie eine gesunde Ernährung, Sport und viel trinken und diese langfristig beizubehalten. Auch wenn sich Bewegung mit schmerzenden Gelenken falsch anfühlt – sie hilft. Sie schmiert die Gelenke und stärkt die Muskeln rund herum!

Mein Tipp:
Eigentlich ist der Tipp von einer Freundin, die sehr starke Gelenkschmerzen hatte und eines Tages mit einer Tüte Gummibärchen zu mir kam und sagte, dass diese die Lösung ihrer Probleme seien. Die Gelatine in den Gummibärchen wird aus Kollagen produziert und das wiederum sei gut für die Gelenke. Wissenschaftlich ist es nicht bewiesen, aber meiner Freundin haben die Gummibären geholfen und irgendwie meine ich mich zu erinnern, dass der Werbeslogan einer Süßigkeitenfirma sogar damit wirbt: Gummibär macht Kinder froh und die Knochen ebenso. Oder hieß es nicht so?

7. Lust oder Unlust – Libido lässt grüßen

Die Libido beschreibt den Geschlechtstrieb, also das Verlangen nach sexueller Befriedigung. Die Libido ist eine komplexe Angelegenheit und, ob wir Lust auf Sex haben, ist von körperlichen, psychischen und partnerschaftlichen Faktoren abhängig. Wir schauen jetzt mal auf die körperlichen oder besser gesagt die hormonellen Faktoren, denn zu denen lassen sich in der Lebensmitte einige interessante Beobachtungen machen. Die Natur will, dass wir uns vermehren, deshalb sind wir im Zeitraum des Eisprungs sexuell besonders motiviert und wirken auch deshalb besonders anziehend, weil unser Körper Lockstoffe aussendet. Nach dem Eisprung sinkt die Lust auf Sex dann oft rapide ab. Denn laut Mutter Natur sollte man sich jetzt neun Monate lang um eine ruhige Schwangerschaft bemühen, um dann hoffentlich erfolgreich zum Arterhalt beigetragen zu haben.

Da unser Körper in den Wechseljahren den Fortpflanzungsbetrieb einstellt, ist es eigentlich logisch, dass sich die Veränderungen auch auf unsere Libido auswirken können. Mit den Hormonschwankungen kommen bei immerhin einem Drittel der Frauen (nächtliche) Grübeleien, tägliche Schweißausbrüche und Endzeitfeelings – kein Wunder also, dass viele von uns in der Lebensmitte weniger Lust auf Sex haben. Und kein Wunder auch, dass Männer immer Lust auf Sex haben, es geht schließlich um den Arterhalt.

Es gibt aber genauso viele Frauen, die plötzlich von einer sexuellen Begierde gepackt werden, wie sie sie noch nie in ihrem Leben gespürt haben. Oft gehen diese beiden Phasen ineinander über: zuerst, in der Perimenopause, fehlt vielen Frauen Progesteron, dafür ist Östrogen umso dominanter. Das wirkt sich negativ auf die Libido aus. Meist ist das Stresshormon Cortisol noch zusätzlich erhöht, was ebenfalls die Lust mindert.

Zum Ende der Wechseljahre kann die Sache dann ganz anders aussehen: Progesteron hat sich eingependelt, Östrogen ist gesunken, aber Testosteron wird zu dieser Zeit im Eierstock und in der Nebenniere produziert. Diese doppelte Dosis Feuer kann dazu führen, dass wir entweder sehr, sehr zornig oder aber sehr, sehr scharf auf Sex sind. In der Lebensmitte haben viele Frauen auch endlich guten Sex, der genau so ist wie sie: egoistischer, lustvoller und selbstbewusster. Eine echte SUPERMILF supportet ihre Libido – in feuchten wie in trockenen Zeiten.

Mein Tipp:
Es gibt Lebensmittel, die der Libido besonders gut schmecken: Wie wäre es gleich morgen früh mit ein paar erregenden Erdbeeren, nymphomanischen Nüssen oder aphrodisierenden Avocados?

Die Menopause ist keine Krankheit. Die Pubertät auch nicht. Und eine Schwangerschaft ebenfalls nicht. Wenn es einem schlecht geht, sollte man sich aber helfen lassen!

Die Natur dreht uns in der Lebensmitte den Frucht-Saft ab, und ich denke, es ist reine Fürsorge von ihr, eine 80-Jährige vor einer Schwangerschaft beschützen zu wollen. Warum sie den Umbau aber nicht auch beim Mann vornimmt, bleibt ein ewiges Mysterium, vielleicht weil das der Mann als Homo Jammerus gar nicht überleben würde.
Für Wissenschaftler:innen sind die Wechseljahre bei Frauen immer noch ein Rätsel, denn bei den allermeisten Tieren bleiben die Weibchen bis kurz vor dem Tod fruchtbar. Es ist nur eine von vielen Thesen, dass wir evolutionsbedingt bereits in der Lebensmitte unsere Fruchtbarkeit verlieren, um als ältere, erfahrene Frauen unseren Töchtern

und Schwiegertöchtern bei der Aufzucht ihrer Babys helfen zu können. Übrigens sind Wale neben uns Menschen die einzigen Lebewesen, die ebenfalls in die Menopause kommen. Und Wale sind (auch wie wir Menschen) in Verbänden rund um Mütter und Kinder organisiert. Die Wal-Omas werden zu den Anführerinnen der Gruppe und geben ihr Wissen weiter. Was wir daraus lernen können: Die Weisheit von Frauen und ihre Wertschätzung sollte auch über die fruchtbare Phase hinausgehen. Bei Walen tut sie das schon, bei Menschen arbeiten wir daran. Und das Bewusstsein, dass die Wechseljahre keine Krankheit sind, sollten wir uns auch immer vor Augen führen. Noch weniger sind sie ein schlimmer „Hormonmangelzustand". In den 1960er-Jahren wurden sie als genau das beschrieben. Mediziner:innen verglichen die Menopause damals mit einer Diabetes-Typ1-Erkrankung, bei der Menschen sich Insulin spritzen, das Hormon, das bei dieser Krankheit nicht ausreichend in der Bauchspeicheldrüse produziert wird. Die Herstellung von synthetischen Östrogenen boomte. Der Vergleich mit Insulin hinkt allerdings, denn während man bei Insulin exakt die benötigte Konzentration im Körper errechnen kann, schwankt die Quantität der von einer Frau produzierten Östrogene ganz gewaltig – von Frau zu Frau und von Zyklus zu Zyklus. Außerdem ist Diabetes ja tatsächlich eine Krankheit, während die Menopause nur eine von vielen natürlichen Phasen im Leben jeder Frau darstellt. Entgegen aller Logik begann man also, die „Hormonersatztherapie" bei fast allen Frauen in der Lebensmitte anzuwenden. Namhafte Ärzte stellten die Frauen nach der Menopause überspitzt gesagt als *bedauernswerte Kastraten* dar, die biologisch eigentlich gar nicht mehr *vorgesehen* waren, nachdem man ihnen ihre einzige Funktion, nämlich Kinder zu gebären, genommen hatte. Eine regelrechte Hormonpropaganda ergoss sich von den USA aus über Europa. Millionen von Frauen nahmen Hormonpräparate ein, meistens falsch dosiert und

immer mit der von alten weißen Männern schöngeredeten Aussicht auf ewige, frische Weiblichkeit plus Schutz gegen Demenz, Herz- und Gefäßerkrankungen.
2002 kam dann der Gamechanger: Eine Studie der Women's Health Initiative, an der 16 000 Frauen teilnahmen, offenbarte, dass die Hormonersatztherapie gravierende Nebenwirkungen mit sich bringt: Brustkrebs, Herzinfarkt, Schlaganfall, Thrombose. Zudem erzeugte das künstliche Östrogen nicht die gewünschten positiven Effekte, die man propagiert hatte. Ewige Jugend ist wohl doch nicht so einfach in Pillenform verabreichbar. Frauen wurden kritischer und vorsichtiger mit der Einnahme von Ersatzpräparaten und auch wenn man heute weiß, dass die Studie methodische Schwächen hatte, war es wichtig, die Hormonzugabe etwas differenzierter zu betrachten. Allein deshalb hatte sie ihre Berechtigung. Heutzutage kommt eine solche Therapie nicht automatisch mit dem Hormonhammer ums Eck, es gibt zum Beispiel Pflaster, die das fehlende Hormon in sehr geringer Dosis von außen zugeben und die bei einigen Wechseljahrsbeschwerden gute Linderung ohne riesige Nebenwirkungen bringen. Lass dich bei jeder Art von Unwohlsein unbedingt von deiner Frauenärztin beraten! Ich bin nämlich eine große Verfechterin davon, sich helfen zu lassen, wenn es einem nicht gut geht. Ich bin aber auch der Meinung, dass man selbst mindestens genauso viel für sein Wohlsein tun kann. Das fängt damit an, dass wir die Prozesse, die in unserem Körper während der Menopause vor sich gehen, als ein Geschenk annehmen. Wir Frauen machen eine Metamorphose durch, die in der Natur einzigartig ist. Wenn wir das Gefühl annehmen und uns sogar darauf freuen, können wir mit einigen Symptomen vielleicht besser umgehen.

Die SUPERMILF sagt Ja zu einer Gratis-Sanierung!

Sieh doch die Menopause mal so: Dein Körper wird umgebaut. Aus einer in die Jahre gekommenen und vielleicht auch gar nicht genutzten Kinderstube wird endlich ein richtig toller neuer Raum. Hier kannst du dich selbst verwirklichen. Hier kannst du du sein! Also raus mit der Giraffentapete, raus mit den steifen Teddybären und raus mit der Wickelkommode, jetzt wird eingerichtet auf SUPERMILF-Niveau. Freu dich auf den Umbau, freu dich darauf, es dir schön zu machen. Kremple die Ärmel hoch und starte in diesen neuen Lebensabschnitt. Hotel Mama ist closed, die Jugendherbergszeiten sind vorbei – du bist ab sofort das Superior 6-Sterne-Hotel SUPERMILF. Sei dir selbst dein absoluter Wohlfühlort, freu dich auf diese von Mutter Natur geschenkte Sanierung, auf viel Zeit im Spa, auf All-you-can-wish und darauf, dass alles da drinnen nun für immer dir gehört.

Wann ist 'ne Frau 'ne Frau?

In unserer Gesellschaft wird die Menopause meistens als großer, trauriger Abschied von der Weiblichkeit dargestellt. Ist ja klar, immerhin haben wir selbst oft genug die Pubertät als einen Prozess des „Frau-Werdens" bezeichnet. Was soll die Menopause also auch anderes sein, wenn nicht die Rückgabe dieser Attribute. Eine Rückwärtsrolle der Pubertät. Um danach was zu sein? Ein Neutrum? Ein Mängelexemplar? Eine Ex-Frau?? Wenn wir Menopause googeln, erscheinen Bilder von verstört schauenden Frauen, die mit einer Hand die schlaffe Schläfe betasten und mit der anderen einen Miniventilator umklammern. Und hätten sie eine dritte Hand, dann würde die traurig der Fruchtbarkeit hinterherwinken, während diese Arm in Arm mit der letzten Damenbinde und dem Sexappeal um die nächste Ecke verschwindet. Denn Weiblichkeit wird immer noch oft mit Fruchtbarkeit verwechselt. Warum ist das so? Weil die größte und am meisten anerkannte Rolle von uns Frauen in der Gesellschaft leider noch immer die Mutterrolle bzw. die Produzentin von Nachkommen ist.

Die SUPERMILF macht aus Weiblich-sein Ich-sein

Sie macht sich frei von allen Erwartungen, die mit dem Wort „Weiblichkeit" einhergehen. Sie findet eine eigene Definition, denn sie ist endlich frei. Du bist extrem androgyn? Super. Du bist weich und rund? Auch toll. Du hast Haare überall? Let it grow! Du erkennst endlich, dass man weibliche Körper nicht nur nicht vergleichen sollte, sondern es schlichtweg nicht kann. Wir Frauen möchten eigentlich alle nicht, dass irgendjemand uns vorgibt, was Schönsein und Weiblichkeit bedeuten. Verschiedenartigkeit ist schön. Anderssein ist schön. Und das Schönste ist: authentisch sein. Als Frau, aber vor allem als Mensch. Also lasst uns in der Lebensmitte unser Weiblich-sein durch echtes Ich-sein definieren!

Ich bin keine Ärztin, aber ich kenne sehr viele Ärzt:innen, weil ich großer Fan davon bin, sich regelmäßig medizinisch beraten zu lassen. Und deshalb habe ich an dieser Stelle die Ärztin und Hormonspezialistin Dr. Petra Algenstaedt aus Hamburg gebeten, mir Antworten auf ein paar Fragen zu geben.

Frau Dr. Algenstaedt, was ist spannend am Beruf der Endokrinologin?

Frau Dr. Algenstaedt: Ich vergleiche meine Arbeit gern mit der Kriminalistik. Ein Symptom – eine Spur; Schmerzen – Indizien; Anamnese – der Hergang; die Geschichte, die Umstände – die Analysen, Untersuchungen und die Diagnostik. Und wenn man alle diese Fährten, auf die uns unsere Hormone führen können, durch eingehende Diagnostik erkannt hat und den Fall klar vor sich sieht, hat man in der Medizin, anders als in der Kriminalistik (wo dem Opfer meistens nicht mehr geholfen werden kann) die Möglichkeit, zu unterstützen, zu begleiten und zu therapieren. Dadurch können wir den Patient:innen häufig eine bessere Lebensqualität geben ohne oder mit weniger Beschwerden und weniger Langzeitschäden.

Kannst du uns ein Beispiel aus deinem Praxisalltag geben?

Frau Dr. Algenstaedt: Eine Frau Anfang fünfzig stellte sich vor einigen Monaten ganz verzweifelt bei mir in der Sprechstunde vor. Sie berichtete über zunehmende Müdigkeit, Traurigkeit, Ängstlichkeit sowie über Konzentrations- und Schlafstörungen, die insbesondere im letzten Jahr deutlich zugenommen hatten. Sie erkannte sich selbst kaum wieder und hatte bereits bei ihrem Hausarzt ein großes Blutbild gemacht, allerdings wie häufig ohne spezielle Hormonbestimmungen. Der Hausarzt konnte keine wesentlichen Veränderungen feststellen. Er sagte ihr, sie solle sich etwas ausruhen, sie hätte wahrscheinlich zu viel Stressbelastung. Nach weiteren Arztbesuchen bei unterschiedlichen Fachrichtungen kam sie zu uns in die Sprechstunde, um ein vollständiges Hormon- und Stoffwechselbild erstellen zu lassen. Es zeigte sich ein deutlicher Mangel an weiblichen Hormonen (Östradiol und Progesteron). Nach einer ausführlichen Beratung und Aufklärung über die Folgen und Auswirkungen dieses Hormonmangels erfolgte eine Behandlung mit weiblichen Hormonen durch sogenannte körpereigene bzw. bio- oder humanidentische Hormone (hundert Prozent identisch mit unserer eigenen Struktur). Dies erbrachte innerhalb von Wochen eine deutliche Verbesserung der Beschwerden. Die Patientin konnte wieder viel besser schlafen, sich besser konzentrieren, war wieder besser belastbar, hatte mehr Energie, ihre Traurigkeit und Ängstlichkeit waren spürbar geringer. Sie hatte wieder mehr Lebensfreude.

Hormonmangel zeigt sich also bei jeder Frau ganz individuell?

Frau Dr. Algenstaedt: Die Symptome und Beschwerden eines Hormonmangels sind zum Teil sehr vielfältig. Sie können sehr belastend sein in Bezug auf die Leistungsfähigkeit im Beruf, auf die familiäre Situation und Partnerschaft als auch auf Gedächtnisleistung und das psychische Befinden so wie vieles mehr. Viele Frauen nehmen an Gewicht zu, insbesondere im Bauchbereich, obwohl sie nichts an ihrem Essverhalten, Lebensstil oder ihrer Bewegung verändert haben. Diese Beschwerden treten nicht nur bei Hormonveränderungen auf, sondern auch bei anderen Erkrankungen. Wir bezeichnen sie deshalb als „unspezifisch" – das heißt, diese Beschwerden deuten nicht auf eine spezifische Erkrankung hin, sie können bei unterschiedlichen Krankheiten vorhanden sein. Diese Beschwerden werden häufig über viele Jahre nicht erkannt bzw. nicht mit Hormonveränderungen in Verbindung gebracht. Mir ist es wichtig zu betonen, dass viel Erfahrung dazu gehört, an Hormonstörungen zu denken, sie im Blut zu messen, entsprechend einzuordnen und zu interpretieren. In der Regel sind die Normwerte im Labor an das Alter der Patientin angepasst, so dass die weiblichen Hormone zwar im Normbereich liegen, aber altersentsprechend niedrig sind, also im Labor nicht als auffällig markiert erscheinen. So dass häufig daraus geschlussfolgert wird, es wäre alles in Ordnung. Das ist nicht falsch, aber es führt teilweise dazu, dass der Hormonmangel nicht angesprochen, nicht erkannt und deshalb nicht behandelt wird. Außerdem besteht jedoch immer noch eine große Unsicherheit über die weibliche Hormonbehandlung, im Besonderen die Angst vor Nebenwirkungen wie Brustkrebs. Es ist ganz wichtig, dass wir darüber intensiv aufklären, insbesondere über den Unterschied der heutigen modernen (körpereigenen, hundert Prozent identischen) Hormonersatztherapie und der deutlich besseren Verträglichkeit gegenüber der

alten, strukturell veränderten Wechseljahrtablette, die zum Teil sehr nebenwirkungsreich war.
Es ist mir wichtig, darüber ausführlich zu beraten und gemeinsam mit der Patientin eine individuelle Therapie zu besprechen, angepasst an die Beschwerden, Alter, Vorgeschichte etc. Es gibt große internationale Studien, die deutlich zeigen, dass die moderne Hormonersatztherapie vor Herz-Kreislauf-Erkrankungen, Diabetes, Osteoporose und wahrscheinlich auch vor Alzheimer und Demenz schützt. Auch einige Krebsarten treten seltener auf, wie zum Beispiel Darmkrebs.
Ich finde es sehr wichtig, dass wir uns ausreichend informieren können, individuell auf die eigene Situation ärztlich beraten werden und Ängste, Sorgen und Vorurteile ausräumen, wie zum Beispiel „unter weiblicher Hormontherapie nimmt man zu" oder auch „Hormone machen Krebs". Einige Hormone können sich schon im dreißigsten Lebensjahr verändern, viele Jahre vor Eintritt der Wechseljahre. Beispielsweise nimmt die Gelbkörperhormon-Produktion (Progesteron) häufig schon deutlich ab oder es können – insbesondere nach mehreren Schwangerschaften – Hormonveränderungen auftreten. Zyklusstörungen, Stimmungsschwankungen, Gewichtszunahme, Wassereinlagerungen, Stoffwechselveränderungen treten häufig auf. Teilweise sind Frauen jahrelang auf der Suche nach ärztlicher Hilfe und einer gut verträglichen Therapie. Mir ist es wichtig zu betonen, dass es nicht so einfach ist, Hormonstörungen im Detail zu erkennen, wenn man sich nicht darauf spezialisiert hat. Nur gemeinsam können wir diese Situation in Zukunft mit mehr Information, Aufklärung, Schulungen etc. verbessern.

Was genau ist die bio- oder humanidentische Hormontherapie?

Frau Dr. Algenstaedt: Es besteht eine hohe Sicherheit und Verträglichkeit der sogenannten bio- oder humanidentischen Hormontherapie (bHRT). Dass sind vielleicht zunächst verwirrende Begriffe (was „bio" bedeutet, siehe unten). Teilweise werden bioidentische Hormone missverstanden. Es handelt sich hierbei um Hormone, die hundertprozentig identisch mit unserer eigenen Hormonstruktur sind. Das bedeutet, der Körper kann nicht unterscheiden, ob die Hormone zugeführt wurden oder selbst vom Körper gebildet worden sind. Sie werden individuell dosiert, sollten ärztlich überwacht und begleitet werden. Die älteren Hormonpräparate waren leider nicht entsprechend identisch mit unseren eigenen Hormonen. Die klassische, ältere Wechseljahrtablette wurde ursprünglich aus der Antibaby-Pille entwickelt. Sie muss höher dosiert sein und die Hormonstruktur muss sich von unserer eigenen unterscheiden, sonst hätte sie keinen Effekt auf die Verhütung. Mit diesen Hormonen gehen teilweise Nebenwirkungen einher. Sie unterscheiden sich klar von der bio- oder human-körpereigenen Hormontherapie.

Mich überrascht es immer wieder, wie innerhalb weniger Wochen und Monate die vielfältigen Symptome der Patientinnen – bei guter Verträglichkeit – deutlich verbessert werden. Viele meiner Patientinnen sind sehr dankbar und berichten, dass sie wieder viel besser im Alltag zurechtkommen, mehr Energie haben, besser schlafen, höhere Stresstoleranz besitzen und positivere Stimmung besitzen. Dass sie sich insgesamt ausgeglichener und kraftvoller fühlen und darüber hinaus auch Haut- und Haarstruktur sowie Schleimhaut besser versorgt sind und die Libido (Lustempfinden) gesteigert wird.

Bioidentische Hormone – was ist das genau?

Frau Dr. Algenstaedt: Der Begriff „bio" ist verwirrend und steht für körpereigen-identisch, die Struktur dieser Hormone entspricht unserer eigenen Hormonstruktur zu hundert Prozent. Deshalb bezeichnet man sie als „bioidentisch".

Und was sind synthetische Hormone?

Frau Dr. Algenstaedt: Synthetisch ist verwirrend, synthetisch verändert wäre die bessere Bezeichnung, es geht nicht um die Herstellung, sondern um die veränderte Hormonstruktur. Sie unterscheiden sich von unseren körpereigenen Hormonen und sind daher Medikamente mit hormonähnlicher Wirkung. Sie finden zum Beispiel Einsatz in der hormonellen Verhütung und bei der Kinderwunschbehandlung. Hier sind höherdosierte und stärker wirksame Hormone notwendig, um zum Beispiel den Eisprung zu unterdrücken oder die Eizellreifung anzuregen.

Worin liegen die Vorteile der Substitution mit bioidentischen Hormonen?

Frau Dr. Algenstaedt: Die hundertprozentig identische Molekularstruktur ist für den Körper nicht von den körpereigenen Hormonen zu unterschieden. Das heißt, es handelt sich um eine wirkliche Ersatztherapie, und diese Therapie ist unter entsprechend enger internistischer, endokrinologischer und gynäkologischer Begleitung messbar und individuell anzupassen.
Man kann die Therapie sehr gut überwachen – individuell nach Alter, Symptomatik und persönlichem Risiko. Es handelt sich um eine echte Ersatztherapie, ähnlich wie bei der Hormongabe bei einer Schilddrüsenunterfunktion. Auch hier wird der Blutspiegel ja regelmäßig kontrolliert und wenn notwendig angepasst.
Das ist mir noch wichtig:
Immer wieder stellen sich Patientinnen bei uns vor, die über vielfältige Beschwerden berichten, die auf Hormonmangel zurückzuführen sind, zum Beispiel Kraft- und Energiemangel, Konzentrations- und Schlafstörungen, Gelenkschmerzen etc. Aber aus Angst vor Nebenwirkungen möchten sie keine Hormone einnehmen. Eine Beratung

und intensive Aufklärung der Patientinnen über ihre Situation und die Unterschiede zwischen den einzelnen Hormontherapien sind dringend erforderlich. Die Therapie sollte individuell und möglichst durch einen Facharzt erstellt und regelmäßig kontrolliert, überwacht und angepasst werden.

Ich bin selbst immer wieder aufs Neue erstaunt, wie sehr Hormone direkt auch die psychische Situation und Stimmung verbessern. Das ist in der Endokrinologie bereits seit langem bekannt. Allerdings ist dieses Wissen noch recht wenig verbreitet.

Was wünschst du dir für die Zukunft?

Frau Dr. Algenstaedt: Ich wünsche mir vor allem für die Frauen mehr Aufklärung und Beratung über Hormonstörungen, vor allem auch über mögliche Therapien, und dass wir in Zukunft frühzeitiger an mögliche Hormonstörungen denken, besonders dann, wenn die Beschwerden unklar sind, länger bestehen oder nicht eindeutig zugeordnet werden können. Ich möchte sehr gern für ein besseres Verständnis für Hormone und Hormonveränderungen im Leben sorgen und Bedenken vor einem Einsatz von modernen Hormonen abbauen und danke allen, die uns bereits dabei unterstützen.

PHC*
BODYCARE
HYDRONIC
BODY
BOOSTER

Kapitel 8

Der ultimative SUPERMILF-Schnitten-Bauplan. Alles über Schönheit in der Lebensmitte und wie du sie lange erhältst.

Über die Schönheit.

Wahre Schönheit kommt von innen. Das weiß ich aus Erfahrung: Die schönste Frau ist nicht wirklich schön, wenn sie nicht von innen heraus strahlt. Dagegen kann eine Frau, die nicht dem gängigen Schönheitsideal entspricht, durchaus mit innerer Schönheit überzeugen, zum Beispiel durch ein ganz einfaches Lächeln oder durch ihre Art, auf Menschen zuzugehen. Aura ist hier das entscheidende Stichwort.

Ja, deine Aura ist wie eine Glühbirne, die dir den ultimativen Glow verpasst und dich komplett von innen ausleuchtet. Aber was ist, wenn du die Fenster nicht geputzt hast? Dann sieht niemand außer dir dein inneres strahlendes und schönes Licht. Und deshalb finde ich, wir sollten ein Kapitel der äußeren Schönheit widmen. Jetzt geht es um die Fassadenpflege. Denn Fakt ist, gewisse optische Veränderungen kommen mit dem Alter, ob wir es wollen oder nicht, und da können Alphaville noch so laut singen „I want to be forever young". Wir bleiben nicht jung, zumindest rein optisch nicht. Denn eine Sache ist gerecht: Wir alle haben nur ein Leben und wir alle altern. Dieser Prozess ist mit keinem Geld der Welt aufzuhalten (wobei ... aber dazu später mehr).

Die Haut wird schlaffer, das Haar wird grauer und wenn man Pech hat auch weniger, die Sehkraft lässt nach, das Bindegewebe hängt in den Seilen und anderswo und Pigmentstörungen mit dem prägnanten Namen „Altersflecken" poppen überall da auf, wo man sie nicht gebrauchen kann. Hier schon der erste Tipp: Sollten es reine Altersflecken sein, kann man sie inzwischen sehr gut mit einer Lasertherapie entfernen.

Zum Glück liegt Schönheit immer im Auge des Betrachters. Das ist nicht nur ein Spruch, sondern eine Aufforderung. Jede von uns sollte sich vor allem selbst im Spiegel anschauen und dort Schönheit sehen. Zumindest die, die aus deinem Innersten kommt. An der äußeren Schönheit kann man ja arbeiten. Mein Tipp: Stelle keine zu hohen

Ansprüche an dein Äußeres und beginne mit kleinen Renovierungsarbeiten. Zum Beispiel mit Invisaligns, unsichtbaren Zahnkorrekturspangen, oder mit einem Bleaching beim Zahnarzt für ein strahlendes Lächeln. Bei sehr dünnen oder kaum vorhandenen Augenbrauen empfehle ich ein Microblading, bei dem Farbpigmente per Hand in die Haut unter den Augenbrauen gestochen werden, um Form und Fülle dauerhaft zu verbessern. Eine gut aufgefüllte Augenbraue wirkt natürlich, verleiht dem Gesicht aber einen ganz neuen Ausdruck. Dasselbe gilt für eine Wimpernverdichtung. Hier werden Dauerwimpern an die eigenen Wimpern angebracht und sorgen für eine natürlich wirkende Fülle. Nach etwa einem Monat fallen sie aus und müssen erneuert werden. Lass dich nur nicht zu extrem langen oder sehr vielen Extra-Wimpern überreden, ich persönlich mag es lieber dezent und natürlich. Auf dem Kopf können ein paar Highlights dafür sorgen, dass deine persönliche Haarfarbe noch mehr strahlt. Außerdem kann dich die Entfernung von hervorstehenden Muttermalen oder Warzen im Gesicht optisch sehr verjüngen. Wenn du einen kleinen Höcker auf der Nase hast, kannst du diesen mit einem Hyaluron-Filler vom Beauty-Doc unterspritzen lassen. Das Hyaluron wird im Körper langsam abgebaut, so dass der Eingriff etwa nach zwei Jahren wiederholt werden muss. Wenn du allerdings der Meinung bist, dass deine Nase mit dem Höcker das gewisse Extra in deinem Gesicht ist, oder du glücklich damit bist, dann solltest du dir von niemandem reinreden lassen. Wenn ich in den Spiegel schaue, sehe ich eine attraktive Frau, die mir gefällt. Und nur darum geht es. Ich sehe nicht vor meinem geistigen Auge, wie ich vor zwanzig Jahren ausgesehen habe, und weine dann bitterlich, weil ich mal soooo schön und knackig war, und ich stelle mir auch nicht vor, wie ich in zwanzig Jahren mal aussehen könnte, und weine dann noch mehr, weil ich dann soooo alt und faltig sein werde. Ich finde, ich sehe heute gut aus, und ich weiß, dass das auch übermorgen noch der Fall sein wird, weil ich nicht nur mein Inneres pflege, sondern mich auch um mein Äußeres kümmere. Damit ich mich an jedem neuen Tag gut fühle. Entgegen vieler Annahmen wehre ich mich nicht gegen das Altern. Ich umarme es sogar. Und während ich es umarme, creme ich es liebevoll ein und ziehe alle kleinen Fältchen, die mich stören, straff.

Denn die SUPERMILF steckt den Zahn der Zeit in einen Maulkorb. Mit welchen Tipps und Tricks ich meine äußere Schönheit auf Zack halte, verrate ich in diesem Kapitel.

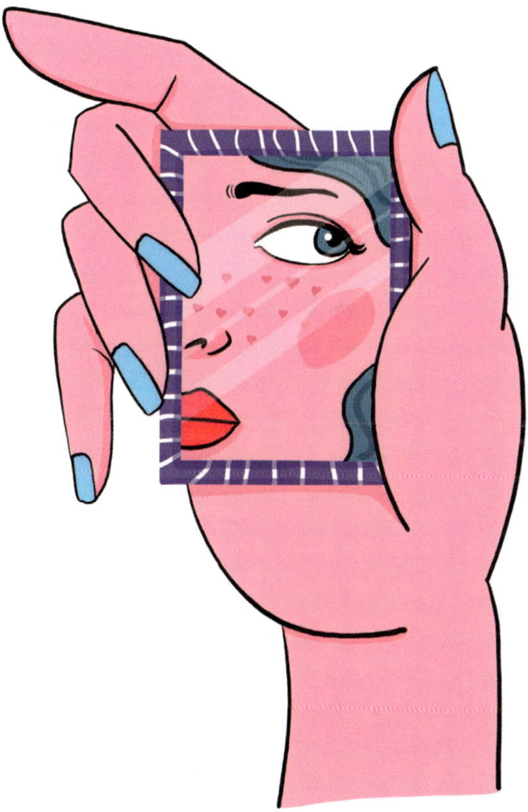

Die SUPERMILF bleibt sich treu.

Niemand wird jemals einen Hintern wie Kim Kardashian haben, wenn er oder sie nicht nachhilft. Es wird mir mit keinem Sport der Welt möglich sein, meinen Hintern auf XXL zu trainieren. Selbst wenn ich jeden Tag im Squat Walk von Meerbusch nach Düsseldorf City gehe und zurück. Mit Gewichten an den Beinen. Es wird nicht passieren. Es sei denn, ich suche auf halber Strecke in der City mal eben den Beauty-Doc auf und lasse mir zwei Silikon-Polster in der Größe von Wassermelonen in den Po einsetzen. Dann ja, aber dann kann ich mir auch den Squat Walk sparen. Fakt ist aber auch: Ich bin mit meinem eigenen Po ganz zufrieden. Um bei Kim Kardashian zu bleiben, sie ist nicht mein persönliches Schönheitsideal. Mein Schönheitsideal ist ein schlanker, sportlicher Körper mit weiblichen Rundungen, einer gepflegten Haut und schönen Zähnen. Es geht nicht darum, um jeden Preis eine andere Person nachzuahmen und auszusehen wie sie, sondern darum, sich selbst in seinem älter werdenden Körper wohlzufühlen und ihn, wenn man möchte, hier und da zu optimieren. Deshalb liest du gerade auch nicht das ultimative Buch über Schönheitseingriffe, sondern eine Sammlung meiner persönlichen Tipps und Tricks, mit deren Hilfe du zur besten Version von dir selbst wirst. Wie viel du an deiner Fassade renovieren willst, bleibt am Ende dir überlassen. Willst du nur die Fenster putzen? Oder ein bisschen streichen? Möchtest du sogar neue, größere Balkone? Du entscheidest! Denn du bist die Besitzerin dieses wundervollen Bauwerks. Man kann also das bekannte Sprichwort auf diese Metapher anpassen: Schönheit liegt im Auge der Bewohnerin.

Ich selbst führe regelmäßig einige Do-it-yourself-Maßnahmen an mir durch. Dazu gehören Eincremen, Permanent Lashes, Fußpflege, Maniküre, Tiefenmassage mit LPG-Technik, Friseurbesuche, Massagen,

Yoga, Waxing, regelmäßige Zahnreinigung und hin und wieder Zahnbleaching. Und ein Tipp zum Thema Stielwärzchen, das sind harmlose, aber unschöne kleine Hautwucherungen, die es in hautfarben und rot gibt: die wird man mit einer Lasertherapie ganz einfach los!
Natürlich habe ich auch schon mal mit einem Fachbetrieb für Renovierungsarbeiten Kontakt aufgenommen. Zum Beispiel für meine Nasenspitze bzw. für meine nicht vorhandene Nasenspitze. Die habe ich mir bei einem Kurztrip in die USA verschönern lassen. Frei nach dem Motto: entdeckt, gestört, optimiert! Die BILD druckte nach meiner Rückkehr nach Deutschland zwei Porträts von mir auf der Titelseite. ein Vorher-Bild: schön. Ein Nachher-Bild: noch schöner! Um nicht zu sagen spitzenmäßig. Das ist nun dreißig Jahre her und ich würde es immer wieder tun. Weil ich die Dinge angehe, die mich an mir selbst stören.

Viele weitere DIY-Tipps habe ich im Folgenden für dich gesammelt und gebe sie gerne an dich weiter. Außerdem habe ich meine Freundin und Dermatologin Dr. Birte Prange als Spezialistin gebeten, uns die ältesten und die neuesten Trends aus der Hautpflege zusammenzustellen.
Gemeinsam arbeiten wir uns jetzt durch den SUPERMILF-Bauplan und schauen Etage für Etage, wo man mit welchen Tools zur Instandhaltung oder gar zur Luxussanierung beitragen kann.

Über Lieblingsteile und optische Mängel.

Eine der Top-5-Beauty-Fragen in Interviewsituationen an mich ist: „Was mögen Sie an sich gar nicht?"
Als ich circa zwölf Jahre alt war und oft auf meine extrem dünnen Beinchen angesprochen wurde, gab mir meine Mamita den Rat, nie-

mals das zu erwähnen, was man an sich selbst nicht mag, denn sonst schauen die Leute dort zuallererst und am allergenauesten hin. Und wenn sie dich auf etwas ansprechen, das du selbst nicht magst, dann sag ihnen, dass du genau das super findest. Für mich waren das damals eben meine Beinchen. Aber wenn mich jemand drauf ansprach, habe ich immer gesagt, dass diese zwei Stelzen meine absoluten Lieblingskörperteile seien. Dass ich drei Leggings unter der Jeans trug, um wenigstens ein bisschen weniger nach Kastanienmännchen auszusehen, habe ich verschwiegen. Wenn mir heute jemand die Frage stellt, antworte ich übrigens, dass ich alles an mir mag. Weil ich das, was ich nicht mag, bereits geändert habe. Meine Beinchen zum Glück nicht, die wurden nach der Pubertät noch zu erfolgreichen Strumpfhosen-Modellen und da versteckte ich sie nicht mehr unter drei Schichten Leggings. Manche Dinge ändern sich eben von ganz alleine. Und um andere muss man sich kümmern. Um ehrlich zu sein, ist meine eigene Renovierung und Instandhaltung eine meiner größten Leidenschaften. Das begann bei mir bereits mit Mitte zwanzig. Ich sah mich schon immer als Bonsai-Bäumchen, das viel Pflege braucht und das man laufend stutzen und düngen muss, damit es in voller Pracht gedeihen kann. Und nach einem halben Jahrhundert muss diese Pflege selbstverständlich noch intensiver ausfallen. In meinen Augen ist es daher niemals falsch, verwerflich oder oberflächlich, in sich selbst zu investieren. Wichtig ist nur, dass du immer selbst die Bauherrin bleibst und bestimmst, was wo verändert wird.

Der SUPERMILF-Bauplan oder: Werde die schönste Dauerbaustelle der Stadt!

Es gibt viel zu tun, also lass uns anfangen. Wir fangen beim Dach an und arbeiten uns bis in den Keller vor. Ich werde dir zu jedem Bereich meine ganz persönlichen Tipps geben und meine Freundin Dr. Birte Prange wird uns verraten, welche Trends und Treatments es außerdem noch so gibt.

Die SUPERMILF hat die Haare schön. Oder: Das Dach muss neu gedeckt werden.

Wie oft hast du schon andere Frauen gesehen und dir gedacht: Die hat aber echt tolle Haare bzw. eine richtig gute Frisur. Ich denke mir das sehr oft. Bei diesen Frauen ist es, als würden die Haare das Gesicht perfekt umrahmen oder ihre Ausstrahlung besonders schön hervorheben. Andersherum habe ich auch schon Frauen gesehen, bei denen das Dach gar nicht zum Rest des Hauses gepasst hat. Die richtige Frisur ist also für deinen Look entscheidender, als du vielleicht denkst, und in der Lebensmitte erst recht, denn auch Frisuren können einen Anti-Aging-Effekt haben. Und dabei kommt es nicht darauf an, wie viel Haar uns der liebe Gott (oder die liebe Extensions-Göttin) mitgegeben hat, sondern um einen typgerechten Haarschnitt. Wenn man den einmal gefunden hat, spricht auch gar nichts dagegen, ihn das ganze Leben lang beizubehalten. Vor allem dann, wenn andere dir sagen, dass man ab einem gewissen Alter keine langen Haare mehr tragen sollte. Das sind nämlich auch die, die sagen, dass man irgendwann keinen kurzen Rock mehr tragen und überhaupt die ganze Fassade lieber mausgrau streichen und alle Fenster verrammeln sollte. Ich sage dagegen, man sollte in keinem Alter irgendetwas nicht mehr tragen, was einem gefällt. Wenn lange Haare dein Lieblingslook sind, trag sie lang. Wenn ein Kurzhaarschnitt am meisten für dich tut, trag die Haare kurz. Mach auf jeden Fall einmal in einem richtig guten Friseursalon eine Typberatung. Highlights in einem zu deiner Haarfarbe passenden Ton oder eine sanfte Balayage machen dich äußerlich so jung, wie du innerlich bist. Ganz wichtig ist es in jedem Fall, deine Haare im Alltag zu pflegen, damit sie glänzend und gesund aussehen.

Welchen Haarschnitt ich übrigens nie gut finde, ist der „praktische" Schnitt. Ja, eine Frisur sollte nicht jeden Tag zwölf verschiedene Föhnaufsätze und einen eigenen Stylisten brauchen, um gut auszusehen. Aber Zweckmäßigkeit darf niemals das erste Kriterium sein. Denn dann hat man plötzlich diesen praktischen Bürstenschnitt, der vor allem im Alltag praktikabel ist, weil man ihn gar nicht stylen muss, sondern einfach vom Bett in die Küche eilen kann, wo man mit seinem praktischen Kombimixer der Familie ein opulentes Frühstück bereitet – in einem praktischen Jogginganzug versteht sich. Und plötzlich schaut man sich im Spiegel an und erschrickt, weil man sich selbst zu einer praktischen Haushaltshelferin runterrationalisiert hat. Wenn du also beim Friseur gefragt wirst, was du haben möchtest, dann sag: Etwas, das mich attraktiver macht und zu mir passt. Wenn ich meinen Look dann zwanzig Minuten am Tag pflegen muss, tue ich das gern, denn meine Attraktivität dient nur einer Sache: mich selbst glücklich zu machen. Merk dir das! Die SUPERMILF hat nicht zwangsläufig einen praktischen Haarschnitt, sondern einen, der zu ihr passt und sie noch attraktiver macht.

Um die Zeit bis zum nächsten Friseurbesuch zu überbrücken, hilft gegen einen rausgewachsenen Ansatz übrigens schnell und günstig ein Ansatzspray. Das gibt's in der Drogerie für ein paar Euro in unterschiedlichen Farbtönen von hellblond über rot bis schwarz. Die Farbpigmente im Spray decken den grauen Ansatz ab. Und du siehst sofort gepflegter aus. Wenn es mal schnell gehen muss und das Ansatzspray noch im Drogeriemarkt und nicht in deinem Badezimmer steht, hilft bei dunkelhaarigen Frauen auch eine wasserfeste Mascara. Damit überdeckst du graue Ansätze oder Strähnen im Handumdrehen!

Dr. Birte Pranges Tipp:

Hormonell bedingter Haarausfall kommt bei zwei Dritteln der Frauen in der Menopause vor. Haarausfall kann aber auch Symptom für andere Krankheiten sein – ein Besuch beim Arzt sollte daher immer einer Therapie vorausgehen. Bei hormonell bedingtem Haarverlust wird das Haar nicht nur weniger, sondern auch dünner. Neben der Hormontherapie gibt es vor allem ein Medikament, das unterstützend wirken kann: Minoxidil heißt der Wirkstoff, der die Durchblutung der Kopfhaut und die Nährstoff-Versorgung der Haarfolikel fördert. Das Arzneimittel ist Studien zufolge sehr effektiv und in der Regel auch gut verträglich. Das Präparat ist frei verfügbar und die Therapie sehr einfach: je nach Konzentration das Produkt ein- bis zweimal täglich auf die betroffenen Stellen auftragen und gut einmassieren.

Wenn man die Möglichkeit hat, sollte man auf chemische Produkte wie Blondierungen verzichten, die Haare wenig färben, sie nicht zu heiß stylen und immer einen UV-Schutz auf die Kopfhaut auftragen. Letzteres vergessen wir ganz oft. Dabei ist es sehr einfach, Kopfhaut und Haare vor Sonne zu schützen, zum Beispiel mit einem transparenten Sonnenschutzspray oder ganz einfach mit einer Kopfbedeckung. Darüber hinaus sind pflanzliche Östrogene, so genannte Phyto-Östrogene, perfekt für eine hormonelle Balance ab der Menopause – und das auch für unsere Haare. Diese rein pflanzlichen Östrogene können wir auch durch eine gesunde Ernährung zuführen: sie stecken zum Beispiel in Soja, Leinsamen, Broccoli, Rosmarinöl oder Knoblauch.

Die SUPERMILF ent-faltet sich. Und fängt ganz oben an.

Die Lebensmitte ist oft die Phase, in der wir uns endlich so richtig gut fühlen. Wir sind bei uns angekommen oder auf dem allerbesten Weg dorthin. Unser Innenleben ist auf Schöner-Wohnen-Niveau und es gibt nichts Schlimmeres als das Gefühl zu haben, dass das Außen so gar nicht mehr zum Innen passt. Wenn man sich wie ein Designerloft fühlt, will man nicht aussehen wie ein altes Gartenhaus. Unser Gesicht ist so was wie die Einfahrt zu unserem Grundstück, der Torbogen, die Kiesauffahrt, die Eingangstüre des Hauses. Es spielt deshalb eine besondere Rolle, wenn es um die Fassadenpflege geht.
Du hast sicher auch selbst schon das ein oder andere Mal vom Gesicht einer Person, die du getroffen hast, auf ihre allgemeine Gefühlslage geschlossen. „Mensch, Ina, hast du drei Tage durchgeheult oder eine schlimme Allergie?“ – und Ina dann so: „Nee, mir geht’s dufte, das sind nur meine Tränensäcke, die brauchen seit Neuestem ein A-Körbchen.“ Muss das wirklich sein? Muss ich Schlupflider, Zornesfalten, Tränensäcke und Hängebacken akzeptieren, nur weil meine Einfahrt Ü40 ist? In welcher Bauordnung steht denn geschrieben, dass es nicht erlaubt ist, den Rasen zu stutzen oder in der Einfahrt ein paar Betonadern plattzuwalzen? Die Schönheitsindustrie verfügt heutzutage über richtig gutes Gerät, wieso sollte man das nicht nutzen, wenn es der eigenen Optik und damit dem eigenen Wohl dient? Und ja, die Pflege kann teuer sein. Aber auch hier heißt es: Prioritäten setzen. Ich

habe Freundinnen, die lieber auf einen Kurzurlaub, ein neues Fahrrad oder ein moderneres Auto verzichten und sich dafür eine Beauty-Behandlung bei der Kosmetikerin oder sogar beim Beauty-Doc mehr gönnen. Und auch ich tue, was mich glücklich macht. Ich erwarte nicht, dass alles wieder so aussieht wie vor dreißig Jahren, ehrlich gesagt möchte ich auch gar nicht noch mal zwanzig sein. Alles von vorne? Nein, danke! Und weder der Besuch im Kosmetikstudio noch der beim Beauty-Doc werden dazu führen (wenn dir das versprochen wird, solltest du auch ganz schnell die Biege machen). Ich handhabe meine eigene Gesichtssanierung nach dem Motto eines bekannten Baumarktes: Es gibt immer was zu tun. Zum Beispiel für meine Kosmetikerin, zu der ich einmal in der Woche gehe: Microneedling, Hyaluronsäure-Behandlung, Hydrafacial, Mesotherapie, um nur ein paar Behandlungen zu nennen.
Wichtig ist es bei diesen Anwendungen, dem Gesicht Regeneration zu gönnen. Jeden Tag zu needeln und mit Fruchtsäure zu peelen bringt definitiv mehr Unheil als Erfolge. Stell dir einfach vor, du ackerst jeden Tag mit dem Bagger über deinen Rasen. Autsch.

Dr. Birte Pranges Tipp:

Wenn wir älter werden, sieht man uns das immer an. Wie sehr, hängt allerdings nur zu zwanzig Prozent von unseren Genen ab. Achtzig Prozent hängen davon ab, wo und wie wir leben, wie wir uns verhalten und ernähren. Eine gesunde Ernährung, Verzicht auf Alkohol- und Tabakkonsum, Sonnenschutz und Luftqualität beeinflussen also maßgeblich die Geschwindigkeit und die Sichtbarkeit des Alterns. Wer jung aussehen möchte, kann also selbst richtig viel tun, um die Hautalterung zu verlangsamen. Ich selbst schwöre auf eine ausgewogene Ernährung mit viel Omega-3-Fettsäuren, Nüssen, Granatäpfeln, Blaubeeren, viel Gemüse und wenig Zucker.

Wenn man trockene und erschlaffte Haut kosmetisch unterstützen möchte, ist die Mesotherapie eine relativ schonende Möglichkeit. Dabei werden für die Haut wichtige Wirksubstanzen wie zum Beispiel unvernetzte Hyaluronsäure, hochdosierte Vitamine, Aminosäuren und Coenzyme mit sehr feinen Nadeln in die Haut gespritzt, wo sie eine tiefgreifende Regeneration und Verjüngung der Haut bewirken. Die Behandlung ist optimal, um kleinere Fältchen und Linien zu bekämpfen.
Bei tieferen Falten im oberen Gesichtsbereich ist nach wie vor Botox das Mittel der Wahl. Hier kommt es nicht nur auf die richtige Dosis an. Die natürlichsten Ergebnisse können nur dann erzielt werden, wenn der Arzt viel Erfahrung hat und gegebenenfalls auch mal „stopp" sagt. Bei Botox sollte das Ziel immer sein, die Natürlichkeit und die Mimik des Gesichtes zu erhalten. Beispiel Zornesfalte: der Muskel darf vom Arzt niemals komplett gelähmt werden, sondern nur so weit beruhigt, dass er die unbewusste Bewegung nicht mehr ausführt (beim Grübeln zum Beispiel). Es darf aber nicht so weit kommen, dass der Muskel sich auch dann nicht mehr bewegt, wenn die Patientin wirklich zornig ist. Ich hatte mal eine Patientin, die von ihren Kindern nicht mehr ernst genommen wurde, weil sie nach ihrer Botox-Behandlung (die nicht ich durchgeführt habe) beim Schimpfen genauso freundlich aussah wie beim Loben der Kids. Bei Botox ist es elementar wichtig, dass dein Arzt wirklich erfahren, gut ausgebildet ist und die Indikation richtig stellt. Ein Beispiel: bei einer Patientin, die extreme Stirnfalten hat, weil sie mit der Stirnbewegung ihre Augen aufhält, ist eine Botox-Behandlung an der Stirn natürlich genau das Falsche. Denn so erzielt man vielleicht eine faltenfreie Stirn, sorgt aber gleichzeitig dafür, dass die Patientin das Ergebnis nicht mal selbst sehen kann, weil sie die Augen nun nicht mehr öffnen kann. Mein ärztlicher Rat:: Lieber ein paar Falten akzeptieren und dafür natürlich aussehen.

Im unteren Gesichtsbereich ist vernetzte Hyaluronsäure ein Mittel, mit dem man sehr gute Ergebnisse erzielen kann. Durch die Erschlaffung der Haut verändert sich auch die Form unseres Gesichtes über die Jahre. Aus einem jugendlichen Gesicht, das klassischerweise die Form eines auf der Spitze stehenden Dreiecks hat, wird im Alter ein Dreieck, das auf der breiten Seite steht – danke, Schwerkraft. Die Falten an den Wangen und im Nasolabial-Bereich aufzufüllen, ist also eine Gratwanderung. Spritzt man zu viel, erzeugt man ein so genanntes Vollmondgesicht. Denn abgesunkenes Gewebe kann man durch Hyaluronsäure kaum anheben – es wird also nur verbreitert. Wie bei allen Behandlungen muss dich dein Arzt oder deine Ärztin vorher genau über Möglichkeiten und Grenzen aufklären. Und dich immer fragen, welches Ergebnis du erzielen möchtest, und dir genau erklären, wie das mit welchen Behandlungen erreicht werden kann. Ein guter Arzt bzw. eine gute Ärztin dokumentiert außerdem das Ergebnis immer mit einem Foto. So verlierst du als Patientin nicht den Bezug zu deinem eigenen Gesicht – das kann besonders bei Menschen, die häufig Botox und Hyaluron nutzen, durchaus vorkommen.
Für die Lippen gilt: Ihr Volumen wird über die Jahre leider auch weniger, kann aber mit Hyaluron aufgefüllt werden. Wenn man nur eine sehr kleine Menge in Unter- und Oberlippe spritzt, erzielt man wunderbar natürliche Ergebnisse, die dich einfach frischer aussehen lassen, ohne dass Freunde und Bekannte auch nur ahnen, dass du „was" hast machen lassen.
Ich kann dir nur empfehlen, zu einem Arzt oder einer Ärztin zu gehen, die deine Natürlichkeit und den Erhalt deiner charakteristischen Gesichtszüge vor alles andere stellt. Jemand, der die Grenzen seiner Methoden und Möglichkeiten kennt. Für ein natürliches Ergebnis empfiehlt es sich außerdem, Hyaluron und Botox lieber öfter (ein- bis zweimal im Jahr) und dafür in kleinen Mengen zu verabreichen.

Mein ultimativer Beauty-Tipp: Wer schön sein will, muss cremen!

Ich habe so viele Cremes wie Körperteile – mindestens. Für jeden Quadratzentimeter meiner Haut. Hochwertige Cremes, eine Art Creme-Boutique. Ich liebe und benutze gute Cremes seit meinen frühen Zwanzigern. Damals hat mir das keiner empfohlen und ich hatte auch keine Creme-Vorbilder im Verwandten- oder Freundeskreis, ich entwickelte vielmehr selbst eine Art ausgeprägte Freude an Cremes und verzichtete lieber auf ein neues Kleid als auf eine neue großartige Creme. Denn schon damals dachte ich mir: Das Kleid wirst du irgendwann wegtun, aber deine Haut ist dein Forever-Kleid und ich kann selbst etwas tun, damit es nicht vorzeitig zum Faltenkleid mutiert.

Es ist also nur konsequent, dass ich inzwischen Gründerin meiner eigenen Beauty-Marke Pacific Healthcare, kurz PHC, bin, deren Inhaltsstoffe und Formulierungen Franjo und ich gemeinsam mit führenden Wissenschaftler:innen und Dermatolog:innen aus den USA und Deutschland entwickelt haben. Die Idee dazu hatten wir übrigens vor einigen Jahren in Los Angeles, als ich mal wieder in einer Drogerie alle möglichen Cremes gekauft habe und mir eine mit dem Wirkstoff CBD besonders positiv auffiel. Unsere Produkte sind all das, wonach ich all die Jahre gesucht habe: nachweislich hochwirksam, innovativ, tierversuchsfrei. Natürlich haben wir auch eine Produktlinie für reifere Haut entwickelt, die Falten sofort minimiert, Kollagenabbau und Pigmentflecken vorbeugt und bei regelmäßiger Anwendung die Hautfestigkeit erhöht. Wenn du also (wie ich damals) auf der Suche nach einer echt wirksamen Pflege bist und gerade jetzt in der Lebensmitte noch mal einen echten Turnaround in Sachen Anti-

Aging durch Cremes machen willst, dann probier' PHC einfach mal aus. Ich stehe dafür nicht nur mit meinem Namen, sondern mit meinem ganzen Körper!
Meine Eincreme-Routine ist seit mehr als dreißig Jahren gleich: ich creme mich jeden Tag von Kopf bis Fuß ein. Immer morgens und manchmal sogar noch abends. Ich schmiere und salbe und klopfe und kreise. Rocco findet, dass ich mich dann wie ein glitschiger Delfin anfühle, und Franjo meidet in der Zeit das Badezimmer, weil ich dazu neige, alles und jeden um mich herum gleich mit einzucremen oder aber, dass ich sie bitte, mir den Rücken einzuschmieren. Ein Hautarzt hat erst letztes Jahr zu mir gesagt: „Frau Pooth, Sie cremen sich noch mal auf 12 runter." Und ich habe fest vor, ihn nicht zu enttäuschen. Allein im Gesicht benutze ich mehrere unterschiedliche Produkte: Eins für mein komplettes Gesicht, eine hochwertige Augencreme und was nie fehlen darf: der Lichtschutzfaktor 50. Den trage ich täglich auf, sogar im Winter. Er schützt vor Hautkrebs und vermindert die Bildung von lästigen Pigmentflecken. Ein Serum darf bei meiner täglichen Pflege auch nicht fehlen. Außerdem liebe ich mein Lippen-Sugar-Peeling mit der darauf abgestimmten Lippenpflege. Auf den Hals kommt eine andere Creme als aufs Dekolleté, und Busen und Po werden auch noch mal getrennt voneinander behandelt. Der Rest des Körpers bekommt ebenfalls eine Salbung, allerdings gibt es für die Oberarme einen straffenden Wirkstoff und meine Hände und Füße und die Nägel behandle ich mit Ölen und Emulsionen. Die Salbung erfolgt übrigens in Kunststoff-Schlappen, damit ich nicht auf meiner eigenen Cremespur ausrutsche und alles schön in Ruhe einziehen kann. Diese Prozedur habe ich so perfektioniert, dass ich sie in weniger als zwanzig Minuten durchführen kann. Das erwähne ich nur für alle, die jetzt denken: Ich hab keine Zeit für eine zweistündige Eincreme-Orgie. Habe ich nämlich auch nicht.

Aber ich schaffe es selbst an einem superstressigen Drehtag. Dann stehe ich eben zwanzig Minuten früher auf – man muss Prioritäten setzen, besonders, wenn es um einen selbst geht!
Wenn du im Sommer oder in deinem nächsten Urlaub deinen Beinen einen sexy Glow verpassen willst, habe ich noch einen Tipp für dich: Benutze eine getönte Bodylotion mit Glitzerpartikeln. Ich benutze immer meine eigene, die Invisible Glow von PHC. Sie verleiht der Haut einen makellosen und gebräunten Teint, macht die Beine optisch länger und gibt ihnen einen schönen Glanz. Bei Tageslicht empfiehlt es sich, etwas sparsamer mit dem Schimmer zu sein, indem du die Glowlotion zum Beispiel einfach mit einer gewöhnlichen Bodylotion vermischst, damit du nicht aussiehst wie Vampir Edward aus der „Twilight"-Reihe, dessen ganzer Körper im Sonnenlicht anfängt wie verrückt zu glitzern.

Dr. Birte Pranges Tipp:

Jeder Hauttyp ist individuell, Mischhaut braucht natürlich andere Inhaltsstoffe als sehr trockene Haut. Gerade während der Wechseljahre und der Veränderungen im Hormonspiegel kann es sein, dass sich deine Hautbedürfnisse ebenfalls verändern. In keinem Fall muss es die teuerste Creme sein, vielmehr solltest du darauf achten, dass sie dermatologisch getestet und frei von Allergie auslösenden Inhaltsstoffen ist. Eine Wunderwaffe gegen Falten sind übrigens Tretinoin und Retinol. In geringer Dosierung bekommt man Cremes mit diesen Wirkstoffen im freien Handel. Wenn du eine unkomplizierte Haut hast, probiere dich einfach durch. Wenn deine Haut sehr sensibel ist oder es in der Lebensmitte plötzlich wird, würde ich dir einen Besuch bei einem Dermatologen oder einer Dermatologin empfehlen. Der oder die können dir eine Mischung aus den Inhaltsstoffen zusammenstellen, die dein Hautproblem am effektivsten lösen.

Retinol-Cremes sorgen immer für eine höhere Lichtempfindlichkeit, deshalb sollte ein Sonnenschutz im Gesicht immer Teil deiner Pflegeroutine sein.
Die Haut wird nicht umsonst der Spiegel der Seele genannt. Nicht jeder Pickel ist ein Ausdruck für eine unruhige Psyche, aber Studien belegen, dass es beispielsweise Wechselwirkungen zwischen Hautproblemen und Stress gibt.

Die SUPERMILF bringt ihren Hals zum Schweigen und ihr Dekollete zum Strahlen.

Der Hals ist ein mieser Verräter. Nach dem Motto: Zeig mir deinen Hals und ich sag dir, wie alt du bist. Auf Veranstaltungen passiert es mir oft, dass ich rein zufällig die anwesenden Hälse ansehe und das Alter der zugehörigen Personen schätze, und in fünfundachtzig Prozent der Fälle liege ich mit diesem An-Hals-Punkt genau richtig. Der Hals lässt sich nämlich leider kaum verjüngen und ist dazu auch noch besonders faltenanfällig, weil er sich ständig bewegt, die Haut dort dünner ist und man ihn beim Eincremen leicht vergisst (also ich nicht, aber viele andere Frauen). Wenn du noch nie zuvor an deinen Hals gedacht hast und nicht vorhast, ab sofort nur noch im Rollkragenpullover herumzulaufen, dann halse dir ab sofort selbst ein wenig Hals-Pflege auf. Cremes, Masken, Massagen, jede Zuwendung wird deinen Hals ein wenig glatter halten und milder stimmen, und dann flunkert er ganz sicher auch für dich bei der nächsten Party. Ein wichtiger Tipp: Die meisten cremen nur die Vorderseite ihres Halses ein, aber der Hals benötigt eine Rundum-Pflege!
Das Dekolleté ist übrigens auch so eine Körperstelle, die es bereits in frühen Jahren täglich zu pflegen gilt: reinigen, eincremen und mit UV-

Schutz versorgen. Ich empfehle dir: Mach dich morgens und abends zu deiner Pflege-Routine einfach obenrum frei. Dann hast du die pflegebedürftigen Partien direkt vor der Nase und vergisst sie nicht immer. Ein weiterer sehr effektiver Tipp: Ich habe immer einen Fächer in meinem Kulturbeutel, mit dem ich den aufgetragenen Cremes Wind mache, damit sie schneller einziehen.
Schlafen in der Seiten- oder Bauchlage kann auch dazu beitragen, dass sich am Dekolleté Falten bilden. Jetzt denkst du sicher: Soll ich etwa im Sitzen schlafen, nur damit ich nicht aussehe wie meine knitterige Bettwäsche? Nein, keine Angst. Aber wenn du Lust hast, kannst du herzförmige Gel-Pads ausprobieren, die man über Nacht auf das Dekolleté aufklebt. Sie verhindern, dass Falten entstehen. Eine weitere, neue Methode zur Entfernung von Dekolleté-Falten ist die Behandlung mit einem gebündelten Hochintensitäts-Ultraschall (HIFU). Die Haut reagiert auf die Ultraschallwellen mit der Neubildung von Kollagen und Elastin. Diese Methode hilft also der Haut, sich selbst zu straffen. Ich habe es selbst schon ausprobiert und war begeistert!

Dr. Birte Pranges Tipp:

Mesotherapie am Hals sorgt für Erfrischung und ein strafferes Erscheinungsbild. Es gibt darüber hinaus bei schlanken Patientinnen die Möglichkeit, die hervortretenden Platysmabänder durch Botox zu entspannen, sodass der gesamte Hals glatter und straffer erscheint.
Im Dekolletébereich wirken Skinbooster wahre Wunder. Hier ist die Haut sehr dünn und Knitterfältchen entstehen schnell – eine Tiefenhydration lässt die Haut frischer, belebter und praller aussehen. Ich rate meinen Patientinnen mit dünner Haut von vernetzten Hyaluronsäuren in diesem Bereich ab, es können Beulen entstehen!
Sonnenschutz im Dekolletébereich ist für alle Frauen ein absolutes Muss, um die dünne Haut vor UV-Licht und damit vor Fältchen zu schützen.

Extrem gepflegte Extremitäten: Die SUPERMILF hat schöne Arme und Beine.

Arme und Beine sind im Fassadenvergleich so was wie die Wetterseite. Unsere Extremitäten sind allen möglichen Umwelteinflüssen ausgesetzt. Und dann wächst dort auch noch wilder Efeu. Arme und Beine schwingen frei und oft unbekleidet um uns herum und gerade die Hände kann es hart treffen. Ich habe eine Freundin, die berufsbedingt sehr viel in der Küche steht, oft Geschirr spült, die Hände nass macht und wieder abtrocknet. Ihre Hände sind inzwischen so trocken, dass sie sie als Käsereibe nutzen könnte. Ich habe ihr geraten, ihre Hände über Nacht dick einzucremen und zum Einwirken in eine Knister-Plastiktüte zu stecken. Auch wenn du deine Hände nicht so hart rannimmst, solltest du immer eine Handcreme dabeihaben und sie auch regelmäßig benutzen. Meine Oberarme bekommen übrigens eine Extra-Behandlung, damit sie nicht zu den allseits gefürchteten Winkearmen mutieren: eine hautstraffende Creme, die den Energiestoffwechsel anregt und das Bindegewebe stärkt und das Selbstbewusstsein gleich mit dazu. Mit so einem Stahlarm zu winken fühlt sich super an. Ich winke dann auch gern mal etwas länger meinem kleinen Sohn Roccolito hinterher oder wenn Franjo nach Hause kommt oder auch einfach mit beiden Armen, wenn ich am Rhein spazieren gehe und ein Schiff vorbeifährt. Naja, nicht ganz, aber ihr wisst schon, was ich meine. Meine Beine enthaare ich regelmäßig, weil ich es am liebsten mag, wenn sich mir beim Cremen kein einziges Haar entgegenstellt. Aber egal ob bestoppelt oder bemoost – du solltest deine Beine täglich vollständig mit einer sanften Massage eincremen, denn durch den Druck schwillt das Gewebe leicht an und kleinere Dellen verschwinden. Denk auch beim Duschen an deine Beine und stell den Regler

öfter mal von heiß auf kalt. Solche Wechselbäder fördern die Durchblutung und das Bindegewebe. Ich würde dir gern noch Tipps gegen Cellulite am Oberschenkel geben, weil ich weiß, dass das bei vielen Frauen ein unliebsames Thema ist. Orangen gehören in den Saft, nicht in die Hose. Aber diese Art von Bindegewebsschwäche ist meistens leider genetisch bedingt und nicht mal eine Fettabsaugung lässt die lästigen Beulen verschwinden (von den Risiken mal abgesehen). Deswegen helfen Cremes auch nur bedingt. Am besten helfen sie aber, wenn du sie mit einem Rollerkopf einmassierst. Das effektivste Mittel gegen Cellulite ist eine gute Ernährung und viel Bewegung. Das sorgt nämlich auch dafür, sich gut zu fühlen und ausgeglichen zu sein, und eine ausgeglichene SUPERMILF lacht die Orangenhaut eher weg als eine, die unglücklich im eigenen (Orangen-)Saft schmort.
Für die Füße empfehle ich einmal im Monat zur Pediküre zu gehen. Es muss nicht immer eine medizinische Fußpflege sein. Ich bevorzuge die sanftere, kosmetische Pediküre. Ganz wichtig ist es, nicht zu viel Nagelhaut entfernen zu lassen, denn sonst kann es schmerzhaft werden. Das Gleiche gilt für die Hornhaut. Wer zu viel wegraspelt, wird schmerzhafte Erfahrungen machen. Zudem kommt die Hornhaut schnell und in doppelter Stärke wieder! Ich creme meine Füße immer morgens und abends ein und laufe in meinen Kunststofflatschen herum, bis die Creme vollständig eingezogen ist. Extrem trockene Füße kannst du auch dick eincremen und für die Nacht in Plastik verpacken. Wenn du das machst, werden die Füße von allein weich und schön und tragen dich sicher auch noch viel lieber durch die zweite Lebenshälfte!

Dr. Birte Pranges Tipp:

Der Alterungsprozess unserer Hände wird durch Umwelteinflüsse und Sonneneinwirkung beschleunigt. Das Unterhautfettgewebe und die

körpereigenen Hyaluronsäure-Speicher der Hand nehmen im Alter immer mehr ab, die dünne Haut lässt Adern und Venen mehr und mehr hervortreten. Wenn dann noch Altersflecken dazukommen, ist die klassische alte Hand fertig. Wichtig für die Hand in jedem Alter ist Sonnenschutz. Den Altersflecken kann man mit Cremes, Peelings und Lasern zu Leibe rücken. Wem das nicht reicht, der kann beim Arzt eine Handverjüngung durchführen lassen und sich die Hand mit Hyaluronsäure-Injektionen aufpolstern lassen. Viele Menschen tun das auch, um ihr gesamtes Erscheinungsbild zu optimieren, denn was nützt das frisch verjüngte Gesicht, wenn die Hände das wahre Alter doch verraten?
Zum Thema Cellulite kann ich leider wiederholen, was Verona schon gesagt hat: Ein Wundermittel dagegen gibt es leider immer noch nicht. Die Veranlagung ist leider genetisch bedingt. Doch was ist Cellulite eigentlich? Durch Faktoren wie hormonelle Schwankungen oder genetisch bedingte Bindegewebsschwäche verkürzen sich Bindegewebsfasern im Unterhautfettgewebe und ziehen so die Oberhaut zwischen den Fettpolstern in die Tiefe. Die optische Folge sind Dellen. Mit viel Sport und einer nährstoffreichen, fettarmen Ernährung kann man zumindest dafür sorgen, dass die Cellulite weniger sichtbar ist. Ideal ist Ausdauersport für den Fettabbau und dann gezieltes Muskeltraining an den betroffenen Stellen zur Straffung des Gewebes. Seit wenigen Jahren gibt es außerdem eine neue Behandlungsmethode aus den USA namens Cellfina: Unter örtlicher Betäubung werden die verkürzten Bindegewebsbänder mit einer dünnen Nadel durchstochen und so die Fasern, die für die Bildung der Cellulite verantwortlich sind, gelockert und in ihre ursprüngliche Form zurückversetzt. Das Ergebnis ist ein gleichmäßigeres Hautbild.

Die SUPERMILF bleibt ein steiler Zahn – auch im Mundbereich.

Nicht nur wir Menschen haben Zähne. Auch die Zeit hat einen. Dieser viel zitierte Zahn der Zeit nagt zusätzlich an unserem Erwachsenengebiss, das auch schon mindestens dreißig oder vierzig Jahre auf dem Buckel hat. Genau wie unsere Knochen wird auch der Zahnschmelz immer poröser. Zusätzlich kann es bei uns Frauen ab der Menopause dazu kommen, dass die Mundschleimhaut trockener und dünner wird, das Zahnfleisch sich leichter entzündet oder der Geschmackssinn gestört ist. Schuld sind einmal wieder der sinkende Östrogenspiegel und die abnehmende Festigkeit unseres Bindegewebes. Wenn man sich richtig ernährt, kann man diesen Beschwerden vorbeugen. Dass man sich mindestens zweimal am Tag gründlich die Zähne putzen sollte, steht außer Frage, und dass Zahnseide nicht nur dafür da ist, um seine Augenbrauen in Form zu bringen oder den Damenbart loszuwerden, setze ich voraus. Mein Zahnarzt sagte übrigens kurz vor meinem fünfzigsten Geburtstag zu mir, dass ich das Zahnfleisch einer 20-Jährigen hätte. Ich traute meinen Ohren nicht, aber letztendlich war es eines der originellsten Komplimente, das ich je bekommen habe, und es motiviert mich nach wie vor, meine Zähne und das Zahnfleisch weiterhin gut zu pflegen. Schade, dass ich sie nicht eincremen kann.

Was die rein kosmetische Optimierung des Gebisses angeht, ist man in der Lebensmitte überhaupt nicht zu spät dran. Ich habe Freundinnen, die jetzt Zahnkorrekturen durchführen, weil sie vorher einfach nicht die Zeit, das Geld oder die Nerven dazu hatten. Von einer festen Zahnspange über transparente Schienen bis hin zu Retainern – dein Zahnarzt oder Kieferorthopäde hat sicher eine Idee, was gegen deine Zahnfehlstellung oder deine Zahnverfärbungen das beste und effektivste Mittel ist. Ich selbst habe mir vor fünf Jahren eine feste Zahnspange für den Unterkiefer einsetzen lassen, obwohl nur ein Zahn geringfügig aus der Reihe tanzte. Sicherlich wäre diese Korrektur nicht unbedingt nötig gewesen, aber ich war total fasziniert von der Möglichkeit, alles ändern zu können, was einem nicht gefällt – ob es nun eine Zahnfehlstellung, eine fehlende Nasenspitze, eine nichtvorhandene Augenbraue oder eine zu schmale Lippe (man muss ja nicht gleich die dickste Lippe der Welt riskieren) ist. Wenn ich beim Autofahren in den Rückspiegel schaue, freue ich mich jedenfalls immer, was für eine SUPERMILF ich da als Gast an Bord habe. Holla die Waldfee, hat die ein schönes Gesicht, und diese Zähne, man möchte sich nur ausmalen, wie das bei der weitergeht, sicher hat sie einen faltenfreien Hals, enthaarte, glänzende und frisch eingecremte Beine und schau mal, sie winkt auch noch mit einem wunderbar straffen Arm.

Die SUPERMILF macht im Untergeschoss mal das Licht an.

Während Männer sich schon als Kinder an ihren Penissen herumzippeln, als wäre der Besitz des Pipimanns bereits ihre größte Lebensleistung, sagt man Frauen oft bereits im Kindesalter, sie sollen doch lieber die Hand von „da unten" wegnehmen. Ich rate dir jetzt genau das Gegenteil, denn zur Intimpflege muss man schließlich Hand anlegen. Benutze ein pH-neutrales Intim-Duschgel, das beugt Trockenheit und Juckreiz vor. Bei der Wahl der richtigen Salbe wirst du im Drogeriemarkt fündig, du kannst dich aber auch an deine Apothekerin wenden. Ich persönlich lasse mich immer gern von einer Fachfrau in meinem Alter beraten, da fühle ich mich am besten beraten und verstanden.

Wenn deine Scheide mit Schäumchen und Cremes versorgt ist und du dich gut fühlst, sind wir an dieser Stelle auch schon fertig. Wenn du allerdings beispielsweise Schmerzen beim Sport hast, weil deine Schamlippen von Natur aus sehr groß sind, oder deine Vagina durch Geburten oder im Laufe der Zeit an Straffheit verloren hat, dann gibt es auch in diesem Bereich so einige Möglichkeiten. Dabei geht es nicht immer nur um eine Verschönerung des Intimbereichs, sondern auch darum, durch gewisse Eingriffe sein Wohlbefinden und das Lustempfinden wieder auf Vorderfrau zu bringen.

Rein psychologisch gesehen fühlt sich jede Frau attraktiver und begehrter, wenn sie sich in ihrem eigenen Körper wohlfühlt. Jede Frau muss selbst abwägen, ob so ein Eingriff nötig ist oder nicht und ob es ein rein ästhetischer Wunsch ist oder körperliche oder psychische Leiden damit einhergehen.

Die SUPERMILF will untenrum nicht aussehen wie ein Teenager. Sie will sich in der Lebensmitte und darüber hinaus aber selbstverständlich wohl in ihrem Körper fühlen und gesund sein, dazu kann eine Intimkorrektur auf jeden Fall beitragen.

Sport macht schön und gute Laune.

Und Sport macht vor allem glücklich, und Glücklichsein macht wiederum schön. Unser Körper schüttet bereits nach zwanzig Minuten lockeren Laufens Endorphine, Dopamin und Serotonin aus, bei intensiven Sportarten geht's bereits nach fünf Minuten mit dem Hormon-Rausch los. Außerdem wird durch Sport die Konzentration des Stresshormons Cortisol gesenkt. Und die gute Nachricht ist: Wer regelmäßig Sport treibt, erhöht die Konzentration der Glückshormone und senkt den Cortisolspiegel im Gehirn dauerhaft. Aber: Jeden Tag Stunden im Gym

zu verbringen, macht übrigens weder extraschön noch extrahappy, denn dann verkehrt sich der Rausch ins Gegenteil. Der Körper empfindet die Überbelastung als Stress und gibt dir keine guten Gefühle mehr. Wer sich aber in der Lebensmitte befindet und nicht regelmäßig Sport macht, dem kann ich nur dringend raten, das zu ändern. Denn ab Mitte vierzig nehmen viele Frauen plötzlich drastisch zu. Das liegt (natürlich, an wem sonst?) an den Hormonen. Durch die Umstellung sinkt unser Energieumsatz. Statt etwa 2200 Kilokalorien liegt der Tagesbedarf plötzlich nur noch bei 1900 Kilokalorien. Mit Mitte sechzig, was ja noch Lichtjahre entfernt ist (oder auch nicht), ist der Tagesbedarf noch niedriger. Mit diesem Wissen erscheint der Seniorenteller auf der Speisekarte deines Lieblingsitalieners plötzlich nicht mehr despektierlich, sondern fürsorglich. Luigi will eben nicht, dass die SUPERMILF eine Big Mamma wird. Grazie. Vielleicht nennt er ihn ja in SUPERMILF-Teller um, dann bestellen ihn auch garantiert mehr Gäste.
Ihr denkt jetzt vielleicht: „Die hat gut reden, so schlank wie sie ist." Und ich habe wirklich Glück mit meinen Genen. Frauen, die ihr ganzes Leben lang schlank waren, nehmen auch während der Menopause nicht oder nur sehr wenig zu. Das ist etwa ein Drittel der Frauen. Ein weiteres Drittel bemerkt die hormonellen Veränderungen auch ein bisschen am Gewicht und wieder ein Drittel hat mit sehr starker Zunahme zu kämpfen. Gute Gene hin oder her, ich habe einen hohen Anspruch an meinen Körper und fühle mich attraktiver, wenn ich schlanker bin. Übrigens würde jede zweite Frau in Deutschland gern ein paar Kilos abnehmen. Und ich kann jede Frau nur dazu ermutigen, denn Übergewicht ist definitiv gesundheitsgefährdend. Was übrigens nicht heißen soll, dass ich curvy Frauen nicht sexy finde – ich liebe weibliche Rundungen sehr. Letztendlich geht es immer darum, dass du dich in deinem Körper wohlfühlst und er dich gesund durch die Lebensmitte trägt. Wenn du deine Figur jedoch halten oder sogar

abnehmen möchtest, ist jetzt besonders Vorsicht geboten, denn in der Lebensmitte legen wir nicht nur leichter an Gewicht zu, sondern das Fett fängt auch noch an, in Richtung Bauch zu wandern. Und wir alle wissen, dass allzu üppige Polster um Taille und Bauch zu erhöhten Blutzuckerwerten und Insulinresistenz führen können und unser Risiko auf Diabetes drastisch erhöhen. Das gefährliche Bauchfett, sag ich da nur. Es ist wirklich nicht zu unterschätzen. Der Bauchspeck muss also weg! Meine Tipps für alle Sportmuffel lassen sich easy in den Alltag integrieren: Fahr doch mal mit dem Rad zur Arbeit oder zum Einkaufen. Oder walke zu deiner Freundin, zum Bäcker oder zu den (Schwieger-)Eltern. Und lass alle zuckerhaltigen Getränke weg. Wenn dir Wasser zu langweilig ist, kannst du es mit Zitronensaft und Minze verfeinern, dir Eistee selbst machen oder einfach auf Getränke ohne Zuckerzusatz umsteigen. Eine weitere Idee, die natürlich in deinen Rahmen passen muss: Schaff dir einen (kleinen) Hund an und verjag mit ihm zusammen deinen Schweinehund. Ein vierbeiniger Gefährte an deiner Seite lockt dich regelmäßig und bei Wind und Wetter an die frische Luft, bringt (vielleicht) Stöckchen und (ganz sicher) gute Laune!
Die Fettwanderung zur Bauchmitte ist übrigens nicht der einzige Grund, weshalb wir in der Lebensmitte plötzlich zulegen.

Muskeln, ade!

Bereits ab dreißig beginnt der altersbedingte Muskelabbau, von da an verlieren wir alle zehn Jahre drei Prozent Muskelmasse. Wenn du also gerade eben denkst „huch, dann ist ja nicht mehr viel übrig", dann solltest du schnell die Tipps studieren, die gleich kommen, und auf jeden Fall dankbar sein, dass du das Buch überhaupt noch halten kannst!

Denn Muskeln sind superwichtig. Sie stärken und stützen unser Skelett, sie machen stabil und flexibel und schützen uns vor Verletzungen. Außerdem verbrennen sie Kalorien. Fazit: Je mehr Muskeln, desto höher ist dein Kalorienumsatz. Wir sollten unsere Muskeln also dringend unterstützen. Das geht zum einen mit einer proteinreichen Ernährung und zum anderen mit Krafttraining. Mein perfektes proteinreiches Frühstück sieht so aus: Rührei mit allem möglichen Gemüse wie Paprika, Tomaten, Pilzen, Zucchini oder ähnlichem. Dazu ein Vollkornbrot und ein Cappuccino, der mir ohne Kuhmilch am besten schmeckt: meine Favoriten sind Kokos-, Soja- oder Hafermilch. Die Proteine sättigen dich und sorgen dafür, dass du es ohne Heißhunger bis zur nächsten Mahlzeit schaffst. Ich handhabe die Ernährung im Alltag nach einem alten Sprichwort (zumindest, was die Menge angeht): Frühstücken wie eine Königin, Mittagessen wie eine Bauersfrau und Abendessen wie eine Bettlerin.

Was das Krafttraining betrifft, musst du nicht zwischen den Hulks im Freihantelbereich hundert Kilo drücken – viel einfacher und effektiver sind Übungen, die du täglich durchführen kannst. Meine absolute Lieblingsübung ist die Plank, auch Unterarmstütz genannt. Du machst deinen Körper zu einem geraden, steifen Brett, stützt dich auf den Unterarmen ab und ziehst den Bauchnabel nach innen. Dann hältst du die Position ganz einfach, so lange du kannst. Am Anfang wirst du vielleicht nur zwanzig Sekunden schaffen, aber wenn du regelmäßig plankst, wirst du schnell merken, wie die Körpermitte immer stärker wird. Wenn dir die Plank irgendwann zu langweilig wird, kannst du eine ihrer vielen Varianten machen und abwechselnd die Beine heben, einen Liegestütz einbauen, die seitliche Plank machen oder die Plank einfach umdrehen und rückwärts halten. Du kannst auch deine Freundinnen zu einer „Plank-Challenge" herausfordern und ihr schickt euch gegenseitig Videos eurer Trainingserfolge.

Mir persönlich hat es sehr geholfen, mich bei einem Yoga-Kurs anzumelden. Trotz meiner sportlichen Verfassung habe ich mich anfangs ein bisschen ungeschickt angestellt, denn viele Übungen waren sehr viel schwieriger umzusetzen als sie aussahen, andere wiederum fielen mir superleicht. Der Muskelkater am nächsten Morgen bestärkte mein Gefühl, dass Yoga noch mal ganz andere Muskelgruppen erreichte als reguläres Gerätetraining. Seitdem mache ich regelmäßig Sonnengrüße, Kriegerin und Co, und kann dir von Herzen empfehlen, es auch mal zu versuchen. Du kannst auch online trainieren, einfach bei YouTube „Yoga für Anfänger" eingeben, Matte ausrollen und los geht's!

Schlechter Schlaf macht hungrig.

Wer schlecht schläft – und das sind fast die Hälfte der Frauen in der Lebensmitte –, begünstigt die Ausschüttung des Hormons Ghrelin, das den Appetit anregt, und sorgt dafür, dass weniger Leptin – das Hormon, das für die Sättigung zuständig ist – ausgeschüttet wird. Heißhunger und großer Appetit sind die Folge. Wenn man dann noch die Torte vom Vortag im Kühlschrank hat, ist das Unglück vorprogrammiert. Mein Tipp: Mindestens sieben Stunden (guter) Schlaf sollten es sein. Wenn du deutlich darunter liegst, solltest du unbedingt mit einem Arzt Rücksprache halten. Sport ist eine Methode, besser zu schlafen, denn der müde Leib zieht den wachen Geist mit ins Land der Träume. Du musst keinen Marathon laufen, ein langer, flotter Nachmittagsspaziergang kann auch ganz schön müde machen.
Wenn alles nichts hilft, empfehle ich Weichgummi mit Melatonin, Kamille, Lavendel, Baldrian und Vitamin B6. Sie machen nicht abhängig und du bekommst sie rezeptfrei in der Apotheke.

Vermeide vor dem Einschlafen aufregende Gespräche, angespannte Situationen und Stress. Außerdem sorgt zu helles, bläuliches Licht dafür, dass die Produktion des Schlafhormons Melatonin unterdrückt wird.

Zu viel Stress an der (Po-)Backe.

Der kann dann schnell auch am Bauch hängen. Dauerhafter Stress ist Gift für unseren Körper. In der Lebensmitte kann er nicht nur Wechseljahr-Symptome verstärken, sondern gesundheitsgefährdend sein. Sport und Bewegung können Stress abbauen, sofern wir etwas tun, das uns Spaß macht. Wenn es dir guttut, mit sieben Minuten Yoga in den Tag zu starten, dann ab auf die Matte. Wenn du lieber nach der Arbeit eine Runde joggen gehst, run for it. Wenn du in der Mittagspause auf einen Boxsack mit einem Foto deines Ex-Mannes einschlagen willst: Hau rein! Finde deinen Stresskiller-Sport und baue ihn in deinen Alltag ein. Und um noch mal auf die Pobacke zu kommen: Meine liebste Alltagsübung für einen Knack-Popo ist Treppensteigen. Nimm immer zwei Stufen auf einmal!

Don't drink and meno.

Ich habe kein Problem mit Alkohol und vor allem auch keines ohne. Wenn man im „Dry January" schon nach Tag 2 zittrige Hände bekommt, sollte man definitiv sein Trinkverhalten überprüfen. Ein Anreiz, den Konsum von Alkohol zurückzuschrauben, ist die Tatsache, dass er für die Figur richtig übel ist. Alkohol macht unter anderem dick, schwemmt auf, lässt die Tränensäcke anschwellen und verschlechtert das Hautbild. Sein Abbau blockiert im Körper die Verstoffwechselung von Kohlehydraten, Fetten und Eiweißen. Gerade fettiges Essen sollte man deswegen eben gerade nicht mit einem Wein runterspülen oder mit einem Schnaps krönen. Totaler Unsinn. Denn dann reduziert sich die Fettverbrennung über Stunden hinweg.

Natürlich darf man sich ab und zu ein Gläschen gönnen, auch zu einer großen Portion Pasta. Aber wenn man weiß, was man dem Körper zumutet, fällt es einem doch viel leichter, auch mal wieder zu einem alkoholfreien Getränk zu greifen. Es ist wie mit jedem „Genussmittel": wir sollten es genießen. Sobald Alkohol zu viel, zu oft und zu wichtig wird, kann man A) überhaupt nicht mehr sprechen und B) schon gar nicht von Genuss.

Falls du doch mal ein Glas zu viel erwischt hast, helfen Elektrolyte, die man in einem großen Glas Wasser auflösen kann, eine kalte Dusche und ein Spaziergang an der frischen Luft.

Und weil wir es gerade vom Schlafen hatten: Ich trinke auf Langstreckenflügen ein Glas Rotwein, damit ich mich entspannen oder sogar einschlafen kann. Das klingt gut, ist es aber eigentlich gar nicht, denn der Schlummertrunk sorgt zwar für ein schnelles Wegdämmern, aber dann erhöht sich der Blutzuckerspiegel und man wacht plötzlich auf und kann oft überhaupt nicht mehr einschlafen. Dass wir dann Hunger bekommen und zum Kühlschrank laufen und Sahnetorte essen, wissen wir ja schon, wobei das im Flugzeug eher schwierig werden könnte. Einen Melissentee oder eine heiße Milch mit etwas Honig zu bekommen, könnte auch schwierig werden, aber zu Hause sind das meine absoluten Lieblingsdrinks vor dem Schlafengehen. Prost, SUPERMILFs, auf mehr trockene Abende und feuchtfröhliche Träume!

Runter vom Zuckergas.

Man kann dem Zucker nicht alles in die Schuhe schieben, ein bisschen von ihm ist ja auch nicht ungesund und macht ebenso wenig dick. Aber es ist wie mit dem Alkohol: zu viel davon macht abhängig. Dazu kommt, dass wir Frauen während der Menopause sensibler gegenüber Zucker werden. Der Blutzuckerwert schwankt stärker als zuvor, denn Östrogene beeinflussen die Insulinempfindlichkeit der Körperzellen, die unter dem Einfluss der Hormone mehr Zucker aus dem Blut aufnehmen. Lässt die Östrogenwirkung in den Wechseljahren nach, gelangt weniger Zucker in die Körperzellen und der Blutzucker steigt deshalb tendenziell an. Diese Schwankungen sorgen nicht nur für eine Gewichtszunahme, sondern begünstigen auch Entzündungen im Körper. Am besten ist es also, einige Lebensmittel wie Süßigkeiten, Weißmehl-Gebäck und zuckrige Getränke komplett wegzulassen, da sie den Blutzuckerspiegel negativ beeinflussen.

Es gibt sogar einen so genannten Candy-Hangover, den man bekommt, wenn man am Vorabend richtig einen über den Hunger gesnackt hat und nun mit aufgeblähtem Bauch, Kopfschmerzen und manchmal sogar mit schlechterer Haut aufwacht. Auch hier habe ich einen Tipp für euch, der zumindest kurzfristig hilft: ein Glas Wasser mit Zitronensaft, Kaffeeverzicht und Ausnüchtern auf dem Sofa (aber ohne Candy). Langfristig hilft auch Candy-Addicts der Sport. Ich beobachte an mir, dass ich an den Tagen, an denen ich intensiv Sport mache, keine Lust auf Süßigkeiten habe. Dann bin ich topmotiviert, voll mit Glückshormonen und der Zucker kann mich mal. Eigentlich ist so ein Schokoriegel ja auch nur der kürzeste Weg, um an ein bisschen Glück zu kommen. Mein Vorschlag: Wenn du das nächste Mal aus Langeweile oder Candy-Lust den Schokoriegel, das Eis oder die Tüte Gummibärchen anvisierst, dann nimm einfach den Umweg über deine Yogamatte. Oder jogg eine kleine Runde. Oder plank dich weg. Ich wette mit dir, dass du den Riegel danach entweder richtig genießt oder aber liegen lässt, weil du mehr Lust auf eine Banane und ein paar Nüsse hast.

Und noch ein Tipp: Hör auf das berühmte Bauchgefühl. Mit all den hormonellen Veränderungen steigt der Nährstoffbedarf ganz plötzlich an. Gelüste können also auch daher kommen, dass dein Körper bestimmte Vitamine und Mineralstoffe dringend braucht. Lass deinen Nähstoffspiegel checken und dann gib deinem Körper, was er braucht – das ist in den seltensten Fällen ein Stück Sahnetorte oder eine Tüte Chips.

Fett macht fett.

Auch wenn man oft hört und liest, dass Zucker der wahre Teufel ist und Fett der Burner, muss ich mich an der Stelle wiederholen: Die Menge machts, auch beim Fett. Und die Qualität. Unser Körper braucht gerade in der Lebensmitte ungesättigte Fettsäuren, um den Tag zu überstehen und um Vitamine aufnehmen zu können. Vielleicht hast du schon mal gehört, dass man Karotten nur in Kombination mit Fett essen soll, damit der Körper an das Vitamin aus der Rübe überhaupt rankommt. Das bedeutet aber nicht, dass du eine Möhre mit einer Flasche Mayonnaise essen sollst. Mayo gehört nämlich zu den gesättigten Fettsäuren aus tierischen Lebensmitteln wie Eiern, Fleisch und Milchprodukten. In Maßen sind sie unbedenklich, in großen Mengen fördern sie Herz-Kreislauf-Erkrankungen und Diabetes. Gut für den Körper sind ungesättigte Fettsäuren, die in pflanzlichen Ölen stecken oder zum Beispiel in Nüssen und Avocados. Ein Teelöffel Leinöl über deine Karotten und schon kommt dein Körper an die Vitamine, du siehst wie ein Adler und fühlst dich dazu federleicht.

Healthy is the new sexy:

Die SUPERMILF unterstützt ihren Körper gerade in den Wechseljahren.

Curvy oder skinny – das Wichtigste in der Lebensmitte ist, wie du mit deinem Körper umgehst. An alle Curvys da draußen: zu viel Fett ist ungesund. An alle Skinnys: zu dünn ebenfalls.

Und mit Sport und Bewegung sowie der richtigen Ernährung fühlt sich unser Körper einfach besser. Fakt ist, dass neunzig Prozent der Frauen zwischen 45 und 55 einen höheren Körperfettanteil haben als je zuvor in ihrem Leben. Wir Frauen haben mal wieder das große Los gezogen, denn zusätzlich zum Verlust der Muskelmasse, die bei allen Menschen im Alter abnimmt, kommt bei uns ein stark veränderter Hormonhaushalt hinzu: Östrogenmangel, höhere Blutzuckersensitivität, Stimmungsschwankungen und Schlafstörungen sind Faktoren, die die Gewichtszunahme in den Wechseljahren leider begünstigen. Dazu kommt, dass der Körper während der Periode zahlreiche Extra-Kalorien verbraucht: In den Tagen vor der Periode schießt der Kalorienverbrauch um ganze 100 bis 300 Kilokalorien in die Höhe.

Wenn du also mit fünfzig bei gleichbleibender Bewegung so reinhaust wie mit dreißig, wirst du definitiv zunehmen, denn dein Körper braucht mit jedem Lebensjahr weniger Energie. Bei vielen Frauen wird in der Lebensmitte besonders die Körpermitte dicker und das liegt an einer Umverteilung des Fettes. Da die Eierstöcke kaum noch Östrogen produzieren, übernehmen teilweise die Bauchfettzellen diese Aufgabe. Der Körper lagert Fett bevorzugt dort ab. In den ersten Jahren der Menopause kann eine Östrogendominanz übrigens zu einer Gewichtszunahme im Bereich der Schenkel und Hüften führen. Dazu kommen Wassereinlagerungen!

Nicht die besten Nachrichten, die ich da für uns Frauen in der Lebensmitte habe. Aber ich habe einen Tipp, oder besser gesagt drei: Bewegung, Ernährung, Pflanzenkraftstoffe! Wenn du dich ausreichend bewegst und dich gesund ernährst, kannst du deinen Stoffwechsel unterstützen und dein Gewicht halten. Vergiss auch nicht, viel zu trinken. Das brauchen deine Schleimhäute, die Gelenke und dein Verdauungsapparat. Am besten ist kalziumreiches, stilles Wasser. Darüber hinaus gibt es eine Menge Pflanzen, die bei einer hormonellen Disbalance ausgleichend wirken: Frische Gartenkresse ist reich an Vitamin C und damit gut für ein straffes Bindegewebe. Minze unterstützt die Verdauung und dämpft die Lust auf Süßes. Wenn der Heißhunger kommt, also einfach ungesüßten Minztee trinken. Und Dill regt den Stoffwechsel und die Fettverdauung an. Also ideal, um der Gewichtszunahme entgegenzuwirken. Mönchspfeffer, Mariendistel, Sulforaphan aus Brokkoli-Extrakt oder Maca-Wurzel sind weitere pflanzlichen Helfer für mehr Wohlbefinden in der Lebensmitte.

Außerdem kann ich dir nur empfehlen, auch dieses Problem mit einem Frauenarzt zu besprechen, denn wenn das Übergewicht tatsächlich hormonell bedingt ist, kann man durch eine gezielte Hormonbeigabe wieder ins Gleichgewicht kommen!

Kapitel 9

Der große Gesundheits-Check oder ab zum Arzt, denn da werden Sie geholfen.

Ich persönlich mache, seit ich 30 Jahre alt bin, alle Vorsorgeuntersuchungen, die man als Frau so machen sollte: Hautuntersuchung, Magen- und Darmspiegelung, Brust- und Gebärmutteruntersuchung, Krebs-Abstrich. Ich gehe aus mehreren Gründen gern zur Vorsorge: Erstens, weil ich mir liebend gerne von jemandem mit Doktortitel sagen lasse, wie jung geblieben mein Körper ist. Und zweitens, weil ich einfach grundsätzlich davon ausgehe, dass man bei mir nichts findet, außer einer extrem straffen Zwölffingerdarmwand. Und drittens, weil viele Krankheiten wie zum Beispiel Darmkrebs zu hundert Prozent heilbar sind, wenn man sie nur rechtzeitig erkennt. Das weiß ich, weil ich seit mehr als fünfzehn Jahren Botschafterin bei der Felix-Burda-Stiftung bin und viel über diese Krankheit gelernt habe. Nur rund zwanzig Prozent der Bevölkerung nehmen das Angebot der Darmkrebsvorsorge an. Dabei ist so eine Darmspiegelung keine große Sache, schon gar nicht, wenn man dadurch einer Darmkrebserkrankung vorbeugen kann. Bei der Darmspiegelung untersucht der Arzt die Beschaffenheit des gesamten Darminneren mit einer Art Schlauch, an dem eine Lichtquelle und eine Kamera sind. Dieses Endoskop zeichnet Polypen oder verdächtige Wucherungen auf, davon können direkt Proben entnommen werden, die im Labor untersucht werden. Ich finde, wir sollten uns weniger Gedanken darum machen, dass uns diese Art der Untersuchung vielleicht unangenehm sein könnte, und mehr daran denken, dass wenige Stunden auf einer Liege im Dämmerschlaf dein Leben retten könnten. Aus eigener Erfahrung kann ich dir sagen, dass man sich sogar richtig gut fühlt, wenn man die Darmspiegelung (und die Magenspiegelung, die man gleich mittgemacht hat) hinter sich gebracht und erfahren hat, dass alles gut ist. Und dass du selbst mit einer schlechten, aber frühzeitig gestellten Diagnose immer noch alle Chancen auf Heilung hast. Ich hatte mal mit meinen lieben und hochgeschätzten Freund Prof. Ernst Pöppel eine zweistündige Podiumsdiskussion in München, in der es auch darum ging, dass Frauen öfter zum Gesundheitscheck beim Arzt gehen als Männer. Frauen spüren einen Knoten in der Brust oder ein Taubheitsgefühl im Arm und wollen Klarheit. Sie übernehmen Verantwortung für ihre Gesundheit und wollen schnellstmöglich wissen, was sie da haben und was man dagegen tun kann. Männer hingegen sind echte Vorsorgemuffel und meiden Arztbesuche. Nur ein Viertel aller Männer geht zur Krebsvorsorge, nach dem Motto: Ein Indianer kennt kein Schmerz! Sie ignorieren Symptome oder reden sie sich schön: „Der taube Arm wacht schon wieder auf und den Blutdruck hatte der Opa schließlich auch schon!" Wenn du so ein Exemplar zu Hause hast und dir etwas an ihm liegt, kannst du ihm gern diesen Absatz vorlesen und ihm sagen: „Geh zum Arzt, Mann, ich will noch lange was von dir haben!"

Ich spüre jetzt in der Lebensmitte noch deutlicher, dass sich mein gesunder Lifestyle auszahlt: Ich bin ziemlich stolz auf mich, weil ich nie exzessiv war, was Alkohol, Zigaretten oder Drogen angeht. Übrigens habe ich mein gesamtes Leben lang Drogen vollständig abgelehnt und nie ausprobiert. Ich bin in meinem Leben beruflich wie privat angekommen und genieße es, selbstbestimmt und selbstbewusst leben zu können.

Darüber hinaus setze ich auf Zusatzpräparate, die den Körper beim gesunden Älterwerden unterstützen: Mikronährstoffe, Vitamin C und Zink sowie Magnesium, das übrigens als Allround-Menopausen-Helfer gilt, weil es Muskeln entspannt und gesunden Schlaf sowie Stress-Resistenz fördert. Außerdem schwöre ich auf meinen selbst konzipierten Proteindrink von Pacific Healthcare, der den Körper mit wichtigen Proteinen, Mineralien und Schönheitsvitaminen versorgt.

Wusstest du, dass ungesunde Ernährung eine der häufigsten Todesursache in westlichen Industrienationen ist? Und dass fünfundsiebzig Prozent der Erkrankungen auf unsere Lebensführung zurückzuführen sind? Ich finde, diese Zahlen sind eine Spitzen-Motivation, um spätestens in der Lebensmitte damit anzufangen, sich selbst mehr um die Gesundheit zu kümmern. Am besten schon in jungen Jahren, aber allerspätestens in der Lebensmitte. Ich persönlich bin ein wahrer Kontrollfreak, wenn es um meine Gesundheit geht. Ich vergleiche es gerne mit der kleinen roten Lampe im Auto, die aufleuchtet, wenn irgendetwas nicht stimmt. Ich schnappe mir dann sofort das Handbuch, lese nach, was für ein Problem der Wagen hat, repariere ihn schnellstmöglich und weiter geht die Fahrt. Die Lampe einfach auszumachen, ergibt keinen Sinn, glaub mir!

Ist ein Arzt hier?

Wenn ja, wäre es schön, wenn wir künftig gemeinsam dafür sorgen, dass die Wechseljahre bei Ärzt:innen ein Thema sind, das aktiv angesprochen wird. Denn Frauengesundheit in der Lebensmitte findet (noch) nicht die Beachtung, die sie verdient. Weder im Medizinstudium noch in der ärztlichen Ausbildung. Jetzt kann man sagen: „Die Lebensmitte ist genauso wie eine Schwangerschaft keine Krankheit." Stimmt! Aber da mehr als acht Millionen Frauen in Deutschland aktuell in den Wechseljahren sind, selbst aber manchmal nichts oder wenig über Symptome wissen, verstreichen oft Jahre, bis sie sich medizinischen Rat holen. Oder die Beschwerden werden nicht als Begleiterscheinungen des Klimakteriums begriffen und schlichtweg fehlinterpretiert und demnach auch falsch behandelt. In der Zwischenzeit können die Symptome zu echten Einschränkungen im Alltag, aber auch im Beruf führen. Außerdem ist es im Hinblick auf die gestiegene Lebenserwartung von Frauen, die heute bei etwa 84 Jahren liegt, wichtiger denn je für Ärzt:innen und Forschung, dem Thema volle Aufmerksamkeit zu widmen. Frauen leben rund dreißig Jahre in dieser Phase. Umso wichtiger ist es, das Gesundheitssystem dahingehend zu revolutionieren. Bis das passiert ist, nimmt die SUPERMILF ihre Gesundheit selbst in die Hand!

1. So überredest du schwindende Knochen zum Bleiben:

Osteoporose, umgangssprachlich Knochenschwund genannt, ist eine Störung des Knochenstoffwechsels.

Als Kinder und junge Erwachsene bauen wir mehr neues Knochengewebe auf als ab. Ab dreißig geht es dann leider schon wieder bergab. Der Körper zieht mehr Kalzium aus dem Skelett ab, als er einlagert. In den Wechseljahren sorgt der sinkende Östrogenspiegel dafür, dass der Knochenabbau noch schneller vor sich geht. Unsere Knochen werden nach und nach poröser.

Fast jede zweite Frau leidet im Laufe ihres Lebens an Osteoporose und besonders gefährdet sind die Ü60-Frauen. Studien ergeben, dass die Knochenmasse ab dreißig jährlich bis zu 1,5 Prozent abnimmt. Das Fiese an Osteoporose ist, dass die Symptome oft erst dann zu spüren sind, wenn sie bereits relativ weit fortgeschritten ist. Die Knochen verdünnisieren sich klammheimlich.

Wenn du wissen willst, wie es um deine Knochen bestellt ist, mach eine Knochendichtemessung. Wenn dabei herauskommt, dass du Osteoporose hast, ist es besonders wichtig, nicht aus lauter Angst vor einem Knochenbruch in Schockstarre zu verfallen. Bewegung ist essenziell, um die Knochen zu stärken und Muskeln aufzubauen. Außerdem schult Sport unseren Gleichgewichtssinn und den brauchen wir im Notfall, um Bewegungen besser koordinieren und bei einem Sturz schnell reagieren zu können. Dabei ist es nicht egal, welchen Sport man macht. Der Knochenaufbau wird besonders durch Bewegungen gefördert, bei denen die Knochen wiederholt durch das eigene Körpergewicht belastet werden. Zum Beispiel das alt bewährte und immer wieder unterschätzte Treppensteigen, Wandern, Joggen oder auch Golfen. Aus diesem Grund lässt die SUPERMILF Aufzüge links liegen und nimmt die Treppen, das hilft, dass die Knochen weniger knacken, der Po aber umso mehr. Schwimmen und Radfahren tun übrigens nichts für starke Knochen, sie stärken aber dafür Muskeln und Ausdauer. Ich persönlich gehe fast jeden Samstag mit Roccolito zum Schwimmen. Während er glücklich vom 3-Meter-Turm springt, schwimme ich stur meine Bahnen. Ich nehme mir immer vor, fünfundzwanzig Bahnen à 80 Meter zu schwimmen. Zugegeben, ab und zu werde ich auch von Roccolito zum Planschen überredet, dann sind es eben nur noch fünfzehn Bahnen, aber auch das tut meinem Rücken schon gut und meinen Muskeln auch. Oft werde ich auf meine sehr gerade Sitzhaltung im Fernsehen angesprochen. Das liegt daran, dass ich eine starke Rückenmuskulatur habe. Und ich persönlich finde, dass nichts attraktiver ist als eine schöne gerade Körperhaltung. Außerdem wirken sich Yoga und Pilates positiv auf die Knochengesundheit aus, stärken die Muskulatur und sorgen für mehr Stabilität. Mach deinen Alltag zum Triathlon aus Treppensteigen, mit dem Rad zur Arbeit und in der Mittagspause flott deinen Lieblingscappuccino holen – Belohnung muss sein. Das hält dich ganz nebenbei fit. Apropos Mittagspause: Wie wär's mit einem Spinatsalat und einem Glas Milch dazu? Vitamin D und Kalzium sind wichtig für unsere Knochen, wobei das Vitamin D dafür sorgt, dass das Kalzium im Darm aufgenommen werden kann. Kalzium macht Knochen hart und widerstandsfähig. Besonders viel davon steckt in Kuhmilch, Joghurt und Käse, aber auch in Brokkoli und Spinat. Es gibt aber auch so etwas wie Kalzium-Räuber, dazu gehören Zigaretten, Alkohol und Softdrinks.

Wenn du nicht komplett auf die Räuber verzichten kannst, solltest du zumindest darauf achten, dass du im Schnitt mehr Brokkoliröschen als Rosé zu dir nimmst – so mache ich das.
Gute Erfolge können auch mit so genannten transdermalen Hormonpflastern erzielt werden, die den Östrogenmangel ausgleichen und die Knochenbrüchigkeit ab der Menopause eindämmen. Wie immer solltest du das Thema bei deiner Ärztin ansprechen und dich beraten lassen, welches Pflaster für dich in Frage kommt. Ein Nikotinpflaster on top bei starker Zigarettenabhängigkeit kann in keinem Fall schaden!

2. Hör einfach mal auf dein Herz:

Das tun wir Frauen ja meistens, aber in und vor allem nach der Menopause sollten wir es noch intensiver tun. Denn wie bereits erwähnt, sagt Östrogen leise auf Wiedersehen und nimmt seine entzündungshemmende und schützende Wirkung auf unsere Arterienwände gleich mit. Blutfette und andere Substanzen können sich nun schneller an den Gefäßwänden einnisten und zu Verengungen der Herzkranzgefäße und Durchblutungsstörungen des Herzmuskels führen. Wenn es erstmal so weit gekommen ist, steigt auch das Risiko für einen Herzinfarkt.
Bei Frauen äußert sich ein Herzinfarkt etwas anders als bei Männern und oft unspezifischer. Deshalb werden Herzinfarkte bei Frauen auch häufig zu spät erkannt. Folgende Anzeichen könnten alle auf einen Herzinfarkt hindeuten und sollten daher immer von einem Arzt überprüft werden:

* Druck- oder Engegefühl in der Brust (als würde dir jemand einen Gürtel ganz eng um die Brust schnallen)
* Kurzatmigkeit (ohne beim Schlussverkauf die Erste an den Schnäppchen gewesen zu sein)

* Schweißausbrüche (und zwar keine Hitzewallungen, den Unterschied müsstest du inzwischen kennen)
* Auffällige Schmerzen im Oberbauch (der Oberbauch ist der Bereich zwischen Rippenbögen und Bauchnabel, ich habe es extra noch mal gegoogelt)
* Starke Rückenschmerzen (ohne dass du dich vorher im Fitnessstudio als Gewichtheberin versucht hast)
* Übelkeit und Erbrechen (ohne eine vorangehende durchzechte Nacht)
* unerklärliche Müdigkeit (also keine, die auf andere Menopausen-Probleme geschoben werden kann)

Wir müssen uns ab den Wechseljahren einfach damit anfreunden, dass uns das Herz hin und wieder bis zum Hals schlägt, jagt und stolpert. Frauen sollten im Rahmen der Gesundheitsvorsorge regelmäßig ihr Herz untersuchen lassen, auch wenn sie keine typischen Symptome einer Herzkrankheit aufweisen. Dein Herz wird es dir danken.

3. So wirst du deine eigene Busenfreundin:

Kein anderes Organ erregt so viel öffentliche Aufmerksamkeit wie die weibliche Brust. Vor allem bei Männern. Die machen ein Riesentamtam um das Organ, das vorwiegend aus Fettgewebe und Drüsen besteht und von der Natur dafür geschaffen wurde, dem Nachwuchs Trost und Milch zu spenden. Der Busen ist das sichtbarste Manifest unserer Weiblichkeit und weil man ihn so gut sehen an, steht er unter öffentlicher Beobachtung. Dort erregt er (hier könnte der Satz auch schon enden) vor allem Aufmerksamkeit und nicht selten öffentliches Ärgernis. Egal, wie groß, klein, spitz, rund er ist – er hat immer mehrere Dimensionen: erotische, natürliche und vor allem sexualisierte. Einem nackten Busen wird immer gleich unterstellt, er wolle politisch anecken oder erotisch antörnen. Dass er vielleicht einfach nur abhängen und in Ruhe gelassen werden will – darauf kommt man(n) nicht. Und worauf man schon gar nicht kommt, ist die Idee, dass es sich bei unseren Brüsten um richtige Intelligenzbestien handelt. Meine Frauenärztin, die mich bei meiner letzten Schwangerschaft begleitete, sagte mir damals, dass die weibliche Brust extrem intelligent sei, besonders wenn es ums Stillen gehe. Sie weiß genau, wann und wie viel Milch das Baby braucht und passt auch die Zusammensetzung an Nährstoffen genau der Wachstumsphase an: sie senkt Allergierisiken, versorgt das Baby mit Antikörpern und reduziert Infektionsrisiken. Und sie passt sich sogar an den Rhythmus an: abends ist mehr Serotonin in der Milch, so dass das Baby besser schlafen kann. Darüber hinaus spürt die Brust, wenn das Baby in der Nähe ist bzw. wird von lautem Schreien des Babys animiert, in die Vollen zu gehen. Wenn dich also demnächst jemand fragt, wie hoch dein Intelligenzquotient ist, antworte zum Beispiel einfach: 75 B!

Wenn es um Brustgesundheit geht, kommt mal wieder Östrogen ins Spiel. Obwohl das Hormon viel Gutes für den Körper tut und wir ihm auf den letzten Seiten auch oft hinterhergetrauert haben, kann zu viel davon mit bestimmten Brustkrebsarten in Verbindung stehen. Ohne hier genauer auf die vielen Arten von Brustkrebs und ihre Entstehung eingehen zu können: Fakt ist, dass das Risiko für Brustkrebs ab vierzig ansteigt. Deshalb ist es umso wichtiger, medizinische Vorsorgeangebote wahrzunehmen. Denn je früher eine Veränderung erkannt wird, desto besser kann sie auch behandelt werden. Andersherum: nur weil du Brustkrebs ignorierst, wird er dir im Gegenzug nicht den gleichen Gefallen tun.

Regelmäßige Vorsorge beim Arzt ist wichtig, sollte aber die Selbstvorsorge zu Hause nicht ersetzen. Selbst ist die Frau. Brust abtasten ist gefragt. Mindestens einmal im Monat solltest du deine Brust abtasten. Wenn du noch deine Tage hast, mach es am besten kurz nach der Regelblutung. Wenn du zum Beispiel nach dem Duschen oberkörperfrei vor dem Spiegel stehst, dann schau dir deine Brust mal genauer an. Achte auf Hautfalten, Einziehungen und ungewöhnliche Wölbungen, auch aus unterschiedlichen Blickwinkeln. Und dann taste die Brust auf Knötchen ab, mit kreisenden Bewegungen und bis zur Achsel. Wenn dir was seltsam vorkommt, zum Beispiel ertastest du eine Veränderung, die sich klar vom umliegenden Gewebe abgrenzen und unter der Haut verschieben lässt, handelt es sich meistens um eine Zyste oder einen gutartigen Tumor. Oft reagieren Zysten außerdem mit Druckschmerzen auf Berührungen.
Bei Veränderungen, die sich eher hart anfühlen und nicht verschiebbar sind, könnte es sich dagegen um einen bösartigen Befund, also Brustkrebs, handeln. Auch Hautveränderungen oder verdickte Lymphknoten in der Achselhöhle könnten Anzeichen für einen sich ausbreitenden Tumor sein. Wenn du das Gefühl hast, dass sich deine Brust anders anfühlt als sonst, kontaktiere sofort deinen Arzt.

Je öfter du dich um deine Brüste kümmerst, desto mehr lernst du sie kennen und lieben. Sie haben eine Extraportion Aufmerksamkeit verdient und sie mögen es auch, wenn sie öfter mal frei schwingen dürfen. Das Hautgewebe wird dadurch nicht geschwächt. Wenn du zur Unterstützung einen BH tragen willst, dann achte darauf, dass er gut sitzt, also weder zu weit noch zu eng ist.

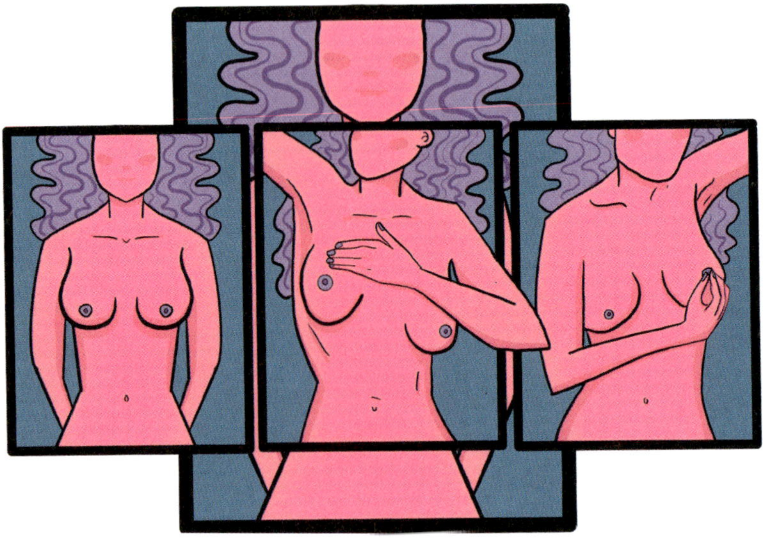

4. Train your brain!

Schon mal was vom Meno-Brain gehört? Nein? Aber vielleicht hast du erst kürzlich verzweifelt in deinem Oberstübchen nach einer Erinnerung gesucht, die sonst eigentlich immer direkt parat war? Ja? Dann war genau das dein Meno-Brain! Denn die Wechseljahre können auch Erinnerungsstörungen, verminderte Konzentrationsfähigkeit und Schwierigkeiten beim klaren Denken mit sich bringen. Nicht zu verwechseln mit Altersvergesslichkeit, die Männer und Frauen mit den Jahren gleichermaßen trifft. Das Meno-Brain ist eine Folge des sich verändernden Hormonspiegels, und Brain Fog, also Gehirnnebel, beschreibt den Zustand sehr anschaulich. Schuld am undurchsichtigen Nebel in der Lebensmitte der Frau ist wie so oft das Östrogen. Es steuert unser Gehirn und bringt es dazu, Glukose zu verbrennen, um daraus Energie zu gewinnen. Was passiert, wenn das Östrogen plötzlich nicht mehr so fleißig am Start ist, liegt auf der Hand und gerade nicht im Nebel. Als SUPERMILF und Hobby-Meteorologin kann ich euch sagen: Gehirnnebel und Begleiterscheinungen verziehen sich mit dem Eintritt in die Postmenopause wieder. Falls ihr euch nicht erinnert, was die Postmenopause war, das sind die zwölf Monate nach der letzten Regelblutung. Dann hat sich unser Gehirn mit der neuen Hormon-Situation angefreundet und funktioniert wieder einwandfrei. Bis dahin heißt es durchhalten. Außerdem habe ich natürlich ein paar Tipps, mit denen du dein Gehirn unterstützen kannst, immerhin müssen wir auch in Zeiten des Brain Fogs zu einhundert Prozent funktionieren. Also vergiss sie bitte nicht gleich wieder!

Brainfood! Du bist, was du isst (auch obenrum). Iss ausgewogen, nährstoffreich und zuckerarm und vor allem regelmäßig. Damit vermeidest du auch Heißhunger. Achte außerdem auf hochwertige Fette im Essen. Walnüsse sehen vielleicht genau deshalb selbst aus wie kleine Gehirne, weil sie richtig gut für deinen Denkapparat sind. Andere Nüsse übrigens auch!

Trinken, trinken, trinken! Unser Gehirn besteht zu drei Vierteln aus Wasser. Es muss hydriert bleiben, um zu funktionieren. Als große Faustregel gilt: mindestens 35 ml Wasser pro Kilo pro Tag. Macht für mich 0,035 L x 60 Kg = 2,1 Liter. Wenn du on top noch viel schwitzt, kannst du mindestens einen halben Liter draufpacken.

Ungewohnte Bewegungen! Schreib deinem Liebsten mal mit links ein Post-it (sofern du Rechtshänderin bist, sonst mit der Rechten), geh rückwärts die Treppe rauf oder balanciere auf der Bordsteinkante (bitte nicht an der Schnellstraße). Oder schminke dich mal mit der „falschen" Hand: ich habe das ausprobiert. Es war sicher nicht mein bestes Make-up, aber meine Freundinnen haben sehr gelacht und ich mein Gehirn trainiert. Ungewohnte Bewegungen fordern das Hirn und zwingen es, neue Synapsen zu bilden. Das verbessert die Denkleistung!

Entspann dich!

Stress kann kurzfristig die Denkleistung steigern. Langfristig führt er im Gehirn aber zum Kurzschluss. Dann geht gar nichts mehr – Menopause hin oder her. Dann schrumpfen Neuronen, das Angstzentrum wird überreizt und Cortisol ausgeschüttet, das die Entstehung freier Radikale fördert. Und wie der Name schon sagt, machen die dann Randale in den Gehirnzellen. Um das zu vermeiden, solltest du dir immer wieder Auszeiten gönnen. Ich sage das in diesem Buch nicht zum ersten Mal, aber falls du es vergessen hast (Stichwort freie Radikale), dann merk es dir jetzt: Kein Stress der Welt ist es wert, dass dein Gehirn dabei schrumpft! Lege den Fokus auf Entspannung, eine gute Schlafhygiene und Achtsamkeit. Dann bleiben du und dein Gehirn dauerhaft ein Dreamteam.

Es ist nie zu spät, gesünder zu leben.

Selbst, wenn du in diesem Moment mit Übergewicht, einer Zigarette im Mundwinkel und wenig Bock auf Sport dieses Buch liest und dir denkst: „Na, jetzt brauch ich auch nicht mehr anfangen – all die Sünden verzeiht mir mein Körper in diesem Leben nicht mehr", sage ich dir: „Doch!" Er verzeiht. Der menschliche Körper ist nämlich wie Buddha. Buddha sagte übrigens gerne: „Du musst deinem Leiden nicht treu bleiben." Sehe ich ganz genauso. Wenn du dich zum Beispiel schon sehr lange übergewichtig und dabei sehr unwohl fühlst, dann bedeutet das nicht, dass du diesem Zustand dein Leben lang treu sein musst. Wir richten uns oft in einem negativen Gefühl ein, machen es zum Mittelpunkt unseres Lebens und definieren uns am Ende darüber. Da gibt es Frauen, die sagen: „Ja es stimmt, ich bin eben eine Pummelfee, war ich schon immer und werde ich immer sein." Aber jetzt sagen Buddha und ich dir: Musst und wirst du nicht! Raff dich auf! Befrei dich von altem Ballast! Ich kann dir aus Erfahrung sagen, dass es deinem Körper guttun wird, dich aus deinen eigenen Denkmustern zu lösen – und deinem Geist erst recht.

Auch wenn du erst in der Lebensmitte gesunde Gewohnheiten etablierst, profitierst du auch körperlich trotzdem noch nachgewiesenermaßen davon.

Die Lebensmitte ist eine hervorragende Zeit, sich dem eigenen Körper mehr zuzuwenden und neben all der Vor-Sorge auch Für-Sorge für ihn zu tragen. Und dafür brauchst du keinen Arzttermin. Gönn dir, so wie ich es tue, ab und zu eine Massage, einen Saunabesuch, ein außerplanmäßiges Schläfchen am Nachmittag oder eine Sporteinheit. Das alles tut gut, macht glücklich, entspannt und lädt dich gleichzeitig mit neuer Energie auf und schützt das kostbarste Gut, das wir haben: unsere Gesundheit.

Kapitel 10

Guter Stil kennt kein Alter. Warum wir uns in der Lebensmitte nicht modisch neutralisieren lassen.

Ode an die Mode. Abgesang an den Pragmatismus.

In Deutschland applaudiert man der pragmatischen Frau, die aus dem Bett direkt in die Küche springt, wo sie ihrer Familie im fleckigen Shirt die Eier brät. Man nickt anerkennend, wenn die abgehetzte Frau im mausgrauen Anzug ins Büro huscht und eins wird mit den ebenfalls sehr praktischen Office-Möbeln. Frauen, die sich morgens zurechtmachen und vielleicht noch ein- oder zweimal das Oberteil wechseln, weil sie sich Gedanken machen, welcher Look zu diesem wunderbaren Tag passen könnte, werden mit einem Kommentar bedacht, den ich auch schon oft gehört habe: „Das ist doch hier keine Modenschau!" Darauf antworte ich: „Das stimmt. Denn sonst würden hier in der ersten Reihe auch richtig wichtige Leute sitzen." Dann ist Ruhe.

Mode was my first love. And it will be my last.

Ich liebe Mode, mit Mode drückst du dich aus, ohne ein Wort zu sagen. Bereits mit 15 habe ich meine Leidenschaft zum Nähen und Designen entdeckt, in meinen Zwanzigern eröffnete ich mein eigenes Modeatelier „IMMERSCHÖN DESIGN" in Hamburg. Darüber hinaus war ich als Miss Germany und Miss World und als Model jahrelang von Mode umgeben und reiste mit meiner eigenen Kollektion um die Welt. Meine eigene Bademoden- und Dessouskollektion „Verona's Dreams" wurde von über 120 Firmen vertrieben. Mit 36 heiratete ich in einem Kleid von Karl Lagerfeld im Wiener Stephansdom. Ein unvergesslicher Tag – nicht nur wegen Karl und Stephan, auch wegen Franjo natürlich. Mit 38 lief ich als Model für eine meiner Lieblingsdesignerinnen Vivienne Westwood auf der Pariser Fashion Week und mit 54 war ich als Model auf dem Runway von Philipp Plein auf der Mailänder Fashion Week.

Du kannst mich nach einem beliebigen Ereignis in meinem Leben fragen und ich sage dir, was ich dazu getragen habe. Und wenn ich es mal nicht kann, liegt es vielleicht daran, dass ich mich nicht erinnern möchte, denn der ein oder andere Modefauxpas mag dabei gewesen sein. Wobei man Mode niemals nachträglich bewerten darf, denn Mode ist flüchtig, als würde sie ständig laut rufen: „Was interessiert mich mein Geschmack von gestern?!" Was vor ein paar Jahren der letzte Schrei war, erzeugt heute nur noch lautes Lachen. Auch das mag ich an Mode. Sie zeigt sich uns in immer neuen Formen, Farben und Schnitten und ob du willst oder nicht: du bist ein Teil dieser Modewelt, sobald du nur irgendetwas daraus auswählst und dich unters bekleidete Volk mischst.
Mein hochgeschätzter, lieber Freund Karl Lagerfeld hat viele schlaue Dinge über Mode gesagt, die ich gerne zitiere, um Frauen, die nicht bei teuren Designern einkaufen möchten oder können, Lust auf Mode zu machen:
„Benutzen Sie nie das Wort ‚billig.' Heute kann jeder in günstigen Klamotten chic aussehen (auch die Reichen kaufen sie). Es gibt heute gutes Modedesign auf jedem Preisniveau. Sie können in Jeans und T-Shirt die bestgekleidete Person der Welt sein – das liegt ganz an Ihnen."

Warnung vor Rentnerbeige – ein Relikt aus der Steinzeit:

Wir Frauen in der Lebensmitte haben dank Mode noch eine Chance mehr, uns aus der Unsichtbarkeit zu befreien. Wir wollen all das tun, was wir auf den vorhergehenden Seiten festgehalten haben: uns um

uns selbst kümmern, frei und glücklich sein, erfolgreich bleiben, die zweite Lebenshälfte mit Leichtigkeit und Lebenslust angehen, uns ausleben, verrückt sein, bunt sein, schön sein und uns entfalten. Und dabei hilft uns Mode. Was uns nicht hilft, ist beige!
Meine Mamita hat damals in der Seniorenresidenz von ihren Mitbewohner:innen gesprochen, die sie „die Farblosen" nannte, und auch heute ist noch zu beobachten, dass Rentner:innen eine angeborene Schwäche für den Farbton beige haben. Ab einem gewissen Alter hüllen sie sich wie automatisch in hamsterstreufarbene Windjacken und kamelbeige Anoraks. Es scheint beinahe etwas Triebhaftes zu haben. Als ich diese Vermutung in einer meiner Dinner-Runden geäußert habe, konnte mir eine Freundin doch glatt eine passable Antwort darauf geben: Die Angewohnheit, sich ab einem gewissen Alter in Erdfarben zu kleiden, stamme noch aus der Steinzeit. Während die jungen, kräftigen Mitglieder eines Stammes mit greller Kriegsbemalung auf die Jagd gingen, tarnten sich die Betagteren lieber mit sandfarbenen Kutten vor Raubtieren und anderen Katastrophen. Ich finde diese Vermutung gar nicht mal so abwegig, möchte aber an dieser Stelle allen Menschen mit rentnerbeigen Anoraks verkünden: Die Steinzeit ist vorbei, legt ab die Sandkutten und traut euch in eine Welt, in der schöne, leuchtende Farben zwar auf jeden Fall dafür sorgen werden, dass ihr zum Fressen ausseht – aber niemand es wirklich tun wird, und wenn, dann nur mit Blicken!

Leute machen Kleider.

Nein, ich habe mich nicht verschrieben. Ich glaube wirklich daran, dass man den Kleidern, die man trägt, seine Persönlichkeit anziehen kann. Dann werden wir eins – mein Dress und ich – und gemeinsam

stehen wir für das, was wir an diesem Tag, Abend, Event eben aussagen wollen. Fashion-Statements, die Geschichten erzählen. Welche Geschichte du erzählen willst, bleibt dir überlassen. Aber glaub mir, dass die ausgebeulte Jogginghose eher eine Gruselgeschichte ist als das Märchen, das du mit ein paar modischen Teilen erzählen könntest. Es gibt Menschen, die haben ein natürliches Gespür für Mode, und andere ziehen immer genau das vom Ständer, was am wenigsten für sie tut. Es gibt Trendsetter und Trendfollower und es gibt Menschen, ja, auch Frauen, die sagen, dass sie sich nichts aus Mode machen. Und gerade an die möchte ich mich wenden und sagen: Nur, weil du dir nichts aus Mode machst, kann die Mode ja durchaus was aus dir machen. Deshalb möchte ich dir ans Herz legen, die folgenden Seiten einfach mal zu lesen, denn vielleicht kann ich dir ein bisschen Spaß an Mode vermitteln. Anziehen musst du dich ja sowieso. Es sei denn, du bist Nudistin und lebst in einem warmen Land!
Karl Lagerfeld hat auch gesagt, Mode sei wie Musik: man muss mit den Noten herumspielen, um seine eigene Melodie komponieren zu können.
Das tollste Kompliment, was man mir demnach modetechnisch machen kann, ist nicht „Boah, das steht dir aber gut“, sondern „Das ist typisch Verona-Style!“, denn in diesem Moment labelst du das Kleidungsstück und machst es zu einem Teil deiner einzigartigen Persönlichkeit.
Die SUPERMILF hat spätestens jetzt Lust bekommen, ihre ganz eigene Modemelodie zu komponieren:

1. Finde deinen Style-Twin:

Sich nicht von Mode inspirieren zu lassen, ist nur möglich, wenn man mit geschlossenen Augen herumläuft. Oder auf dem Mond lebt. Mode ist überall dort, wo Menschen sind: bei deinem Spaziergang durch den Park, im Einkaufszentrum, auf Social Media, im Sportstudio. Ich denke mindestens einmal täglich: „Wow, das sieht aber toll aus, das hätte ich auch gern!" Aber Vorsicht! Nur weil der grüne Hosenanzug der großen Frau mit den langen Beinen steht, kann das bei dir (klein, blond) schon unmöglich aussehen! Deshalb mein Tipp, um überhaupt ein Gefühl dafür zu bekommen, was dir richtig gut steht: Such dir Frauen, gern auch Promis, die vom Typ her Ähnlichkeit mit dir haben. Eine ähnliche Statur, ähnliche Haare. Wenn du deinen Zwilling gefunden hast, stalkst du ihn ein bisschen im Internet (oder, wenn es sich um eine Freundin handelt, stalkst du ihren Kleiderschrank) und suchst dir Looks heraus, die dir richtig gut gefallen. Dein Style-Twin muss übrigens keine Frau sein, du kannst dich genauso gut bei Männern inspirieren oder dir von androgynen Promifrauen wie Cara Delevingne oder Tilda Swinton den ein oder anderen Look abschauen. Je unsicherer du mit Mode bist, desto wichtiger ist, dass die Ähnlichkeit mit deinem Zwilling groß ist, denn dann wird dir das, was er trägt auf jeden Fall auch stehen.

2. Finde heraus, wer du bist bzw. sein willst!

Du weißt jetzt, was dir steht. Aber wer bist du? Was zeichnet dich aus? Bist du verspielt? Zielstrebig? Extrovertiert? Schüchtern? Mädchenhaft? Willst du mit extravaganten Teilen auffallen oder willst du mit deinen niedlichen Blumenmustern aller Welt sagen, wie romantisch du bist? Was ist das unverwechselbare Merkmal an deinem Charakter, das die Klamotte unterstreichen könnte? Ich habe eine Freundin, die eine sehr mädchenhafte Seite hat und bei der ein Bestandteil ihres Outfits immer rosa ist. Rosa Handtasche, pinker Haarreif, rosa Socken. Und wenn man nichts Rosanes sieht, kann man sich sicher sein, dass es der Schlüpper ist.

Wenn du nicht so genau weißt, welche Facette deiner Persönlichkeit du akzentuieren willst, dann lass dich bei einem Stadtbummel inspirieren und probiere dich durch: du wirst es spüren, wenn eine Klamotte deine Persönlichkeit unterstreicht, weil du dich sofort in ihr wohlfühlst.

3. Finde dich im Alphabet der Formen!

Nicht jeder Style passt jeder Figur. Du kannst natürlich trotzdem tragen, was du willst, aber Mode ist ja auch dafür gemacht, um Schokoladenseiten hervorzuheben und die nicht ganz so geliebten Teile zu kaschieren. Zum Glück gibt es so viele unterschiedliche Schnitte, dass garantiert für jeden was dabei ist. Wenn man weiß, was für ein Figurentyp man ist, fällt es einem schon viel leichter, das passende Outfit zu finden. Es gibt eine Einteilung in verschiedene Figurentypen, abgeleitet von Buchstaben des Alphabets, die dem Körperbau ähneln: A, V, H, X und O. Und auch wenn sich unsere Figur im Lauf unseres Lebens verändert, weil wir zu- oder abnehmen und gegen Ende ein wenig schrumpfen, bleibt Körperbau letztendlich Körperbau. Deswegen wird aus einem X auch nicht plötzlich ein O (es sei denn, X wird schwanger, aber das ist eine andere Rechnung). Versuche also spätestens in der Lebensmitte, dich mit deinem Buchstaben anzufreunden und das Maximum herauszuholen. Wie? Ich habe ein paar Tipps auf Lager:

Figurtyp A (aka die Birne)
Du hast ganz laut hier gerufen, als die Hüfte verteilt wurde und nicht ganz so viel abbekommen, als es um die Schulterpartie ging? Dann bist du ein A. Und mit diesen Tipps denkst du dir auch bald: „Aha!"
Lege den Fokus am besten auf deinen Oberkörper: auffällige, schmale Teile, Statement-Ketten und interessante Ausschnittformen. Untenrum sind dunkle, gerade geschnittene Hosen oder schwingende Röcke genau dein Ding!
Pass auf, dass die Oberteile nicht zu eng geschnitten sind, das lässt dich oben noch schmaler wirken. Allzu große Taschen auf Hosen und Röcken sind auch nichts für dich – sie machen die Hüften noch breiter.

Figurtyp V (aka der Apfel)
Du hast breite Schultern, viel Oberweite und im Vergleich dazu eine schmale Hüfte, wenig Taille und schlanke Beine? Dann bist du eine V-Frau, der Marlene-Hosen bestens stehen, die auf Hüfthöhe sitzen. Dazu ein Oberteil mit V-Ausschnitt – fertig ist die Wow-Frau. Kleider in A-Linie schmeicheln deiner Figur ebenfalls und helfen, deine weibliche Seite zu betonen.

Figurtyp H (aka die Banane)

Du bist knabenhaft und schmal, Hüften und Schultern sind nahezu gleich breit und eine Taille ist kaum zu erkennen. Deine Silhouette bildet eine Linie, der Körper hat keinen Schwerpunkt, sondern ist ausgeglichen. Vielleicht steht das „H“ auch einfach dafür, dass man dich für deine Figur leicht hassen könnte, denn oft sehen H-Frauen auch noch supersportlich aus, ohne etwas dafür tun zu müssen. Wenn du ein H (wie Haha) bist, hast du leicht lachen, denn dir steht eigentlich alles, besonders gut aber Hemdkleider mit Taillengürtel, Etuikleider oder Jumpsuits. Generell solltest du dich entscheiden, auf welche deiner schönen Körperpartien du den Fokus legen möchtest. Tatsächlich gibt es auch ein paar Teile, die H-Frauen nicht so gutstehen: kurze Jacken und Boleros zum Beispiel.

Figurtyp X (aka die Sanduhr)

Du hast vor allem eins: Taille. Und die solltest du auf jeden Fall betonen! Ein High-Waist-Bleistiftrock und darüber ein reingestecktes Oberteil oder ein Wickelkleid oder eine Strickjacke, über die du auf Höhe der Taille einen Gürtel bindest.
Sei stolz auf deine ausgeprägten Proportionen und betone sie unbedingt!

Figurtyp O (aka die Orange)

Du bist eher rundlich, hast eine üppige Körpermitte, keine Taille, dafür freust du dich über deine Arme und Beine, denn die sind vergleichsweise schlank? O-Frauen verstecken ihre gesamte Figur gern unter extraweiten Oberteilen, gern auch bodenlangen Kaftanen. O je! Lenke deinen Blick lieber mit einem fließenden Oberteil mit V-Ausschnitt auf dein Dekolleté oder zeig deine schlanken Beine mit einem Rock in A-Linie oder einer knielangen Tunika. Auch ein hüftlanger, offener Blazer streckt die Silhouette. O yeah!

4. Finde deine Fashion-Farben

Du hast dein Style-Vorbild, kennst deine Persönlichkeit und hast deinen Buchstaben. Jetzt müssen wir noch herausfinden, welcher Farbtyp du bist. Das machen wir nach dem Jahreszeitenprinzip. Und auch wenn du jetzt laut rufst: „Ich liebe Sommer!" – muss das nicht bedeuten, dass das auch deine Farb-Jahreszeit ist.

Frühlings-Frau

Du hast einen warmen Teint, helle Augen und eine Haarfarbe mit einem goldenen Unterton von Honigblond bis Kastanienbraun.

Herbst-Frau

Du bist die dunkelhaarige Schwester des Frühlings-Typs. Deine Haut hat einen warmen Unterton, deine Augen sind braun oder grün und deine Haare braun oder rot bis hin zu dunklem Mahagoni.

Ihr seid die **warmen Farb-Typen**. Der Frühlings-Frau stehen alle Farben, die hell, warm und golden sind. Pastelltöne sind ideal, frühlingshafte Grüntöne in allen Schattierungen sowie warme Braun- und Rottöne. Die Herbst-Frau wirft sich am besten in leuchtendes Orange, Ocker oder Senfgelb.

Sommer-Frau

Du hast eine zarte Haut mit bläulicher Nuance, tendierst zu Sonnenbrand, hast eine klare Augenfarbe und meist helle, aschfarbene Haare.

Winter-Frau
Du bist Schneewittchen, allerdings muss deine Haut nicht superblass sein, auch ein olivfarbener Teint ist typisch für den Winter. Dazu blaue oder braune, kühle Augen und dunkelbraune oder schwarze Haare, die nicht selten schnell ergrauen.
Ihr seid die **kühlen Farb-Typen**. Der Sommer-Frau stehen deshalb auch klare, kalte und kräftige Farben! Blau in allen Varianten, aber auch kühles Mint, Flieder oder Wollweiß sehen super aus. Die Winter-Frau hüllt sich in Royalblau, strahlendes Weiß, Rot, Pink oder Magenta. Je klarer, desto besser!

5. Folge nicht jedem Trend!

Modezeitschriften und Influencerinnen hypen jeden Tag ein neues Teil: Mit dieser Culotte bist du die Schönste im ganzen Land und mit jener Fransentasche die bestbehangene Frau der Party, ohne Palazzo-Pants bist du ein ganz armes Modewürstchen und wenn du kein Volantkleid hast, bist du dieses Jahr leider gar nicht en vogue. Welche Must-haves muss man also wirklich haben? Ich persönlich achte immer darauf, ob mir ein Trend überhaupt steht und wenn ja, ob ich genügend Anlässe habe, das Teil dann auszuführen. Und dann mische ich Zeitgeist mit zeitlos und kreiere so meinen ganz eigenen Look!

6. Vergiss alles, was ich gerade gesagt habe.

Wenn du als Winterfrau mit Figur-Typ O Lust auf einen bodenlangen goldenen Kaftan hast, weil er dich einfach glücklich macht – dann go for it. Mode soll sich nicht anfühlen wie eine Rechenaufgabe: Frau Herbst geht zu einem Event. Sie nimmt ihre V-Figur mit. Wie viele Bleistiftröcke in welcher Farbe braucht Frau Herbst für einen schlanken Fuß?

Egal! Am Ende muss unterm Strich nicht stehen, dass du alle Problemzonen heraussubtrahiert und dich verhüllt hast wie ein Kunstwerk von Christo. Du sollst Spaß haben. Also bleib locker und probier dich aus. Ich glaube fest daran, dass mit dem Spaß am Stylen und Austesten auch das richtige Gefühl für die Art von Mode kommt, die dir am besten steht. Und die deine Schokoladenseiten bestmöglich betonen. Diese Outfits kannst du dann auch mit der einer Attitüde tragen, die keinen daran zweifeln lässt, dass dein 50-Euro-Kleid direkt vom New Yorker Runway kommt.

Der Fluch des Pharaos oder Cut-outs: ja! Löcher: nein!

Nicht alles, was Löcher, Risse oder Flecken hat, ist im Trend. Ich habe eine Freundin, die lange eine braune Tasche hatte, die sie eigenen Angaben nach „nur zum Spielplatz" mitnahm, weil sie schon so durch war. Das war leicht untertrieben, die Tasche war nicht durch, sie war am durchsten. Die Tasche sah aus, als hätte man den Urgroßvater von Tutanchamun gehäutet und den Rest an zwei alte Schnürsenkel gehängt. „Aber das war mal eine ganz teure Tote-Bag", rechtfertigte sich meine Freundin, als wir mal wieder auf dem Spielplatz saßen. Aber ich sagte nur: „Das ist sie auch heute noch. Und zwar eine mausetote!" Diese Mumientasche saß also jahrelang mit uns auf dem Spielplatz und lauschte auch, als ich meiner Freundin ein paar Tipps gab: „Trag Dinge auf, das ist gut und wichtig für unsere Natur. Auch ich bin nicht für Einmalmode zu haben und ich gebe jedem meiner Kleidungsstücke die Chance, für lange Zeit an meiner Seite zu sein. Aber sei es dir selbst wert, auch auf dem Spielplatz so auszusehen, als wäre dein

Kleiderschrank nicht die Garderobe für die Schauspieler:innen aus ‚The Walking Dead'. Auch ich habe Taschen aus dem letzten Jahrtausend, aber ich pflege sie oder entsorge sie, bevor sie einen Ehrenplatz im Museum für Ägyptologie bekommen. Also bitte, versprich mir, dass du diesen Henkel-Pharao noch heute zu Grabe trägst – die nächste Pyramide in Form einer Mülltonne steht direkt vor deiner Haustüre." Während meine Freundin zustimmend nickte, meine ich aus dem Augenwinkel gesehen zu haben, dass der Pharao mich böse anfunkelte.

Einige Monate später sah ich meine Freundin in einem Café wieder. Ich dachte an nichts Böses und wollte mich kurz zu ihr setzen. Ich erschrak fast zu Tode, als ich den Stuhl neben ihr zu mir zog, denn da saß er – rissiger und faltiger als je zuvor, mit einem triumphierenden Ledergrinsen: Tutanchamun. Ich packte ihn und hob ihn anklagend in die Höhe. Meine Freundin kicherte ein bisschen verlegen und bedeutete mir, den Ägypter einfach unter den Tisch fallen zu lassen. Wir tranken einen Kaffee und sprachen kein Wort über den alten König unter dem Tisch. Am nächsten Tag schickte mir meine Freundin ein Video, in dem ich beobachten konnte, wie sie den Pharao in einer Mülltonne versenkte, und zwar in so einer, in die man nur etwas hineinwerfen, aber nichts mehr herausholen kann. „Rest in peace, Tuti", schrieb sie dazu. Und mir wurde ganz warm ums Herz – nicht nur, weil ich nie wieder neben dieser Dörrleiche von einer Tasche sitzen musste (aber schon auch deshalb).

Wenn du eine Tasche dieser Kategorie hast oder ein Kleidungsstück, das schlicht und ergreifend entsorgt werden sollte, dann verhilf ihm (wenn der Stoff passt) zu einer zweiten Karriere als Putzlappen oder stopf es direkt in den Restmüll.

Warum ich darauf so herumreite? Weil ich finde, dass wir in der Lebensmitte ganz besonders darauf achten sollten, dass wir uns gut fühlen und dass wir gepflegt aussehen. Und alles, was alt ist, aus der

Mode gekommen oder seine Ursprungsfarbe verloren hat, ist das Gegenteil davon. Das bedeutet jetzt nicht, dass du mit High Heels und Birkin-Bag auf den Spielplatz gehen solltest. Es heißt nur, dass wir Kleidung und Accessoires durchaus dafür einsetzen sollten, uns noch besser, selbstbewusster und glücklicher zu fühlen. Denn wenn du etwas trägst, nimmst du immer einen Teil seiner Eigenschaften an. Auch wenn es unbewusst passiert. Denken wir mal kurz an Wonder Woman: Glaubst du, diese Superheldin hätte dieselbe Macht und Ausstrahlung, wenn sie im Schlabberlook ums Eck käme und die Pharaonen-Tasche schwingen würde? Ich bezweifle es!
Damit du die richtige Mode immer griffbereit hast, ist es natürlich superwichtig, den Kleiderschrank so zu organisieren, dass du die richtigen Teile ohne langes Suchen findest.

Wie aus der Textilkammer des Schreckens ein Top-Kleiderschrank wird:

In der Lebensmitte sind wir im Aufräum-Fieber: wir entrümpeln den Freundeskreis, entstauben die Beziehung und befreien uns von alten Mustern – da kommt der Kleiderschrank gerade recht. Denn auch hier können wir uns von alten Mustern (im wahrsten Sinne) trennen und von vielem, was uns schon lange belastet. Das klingt jetzt, als wäre Ausmisten eine Art Psycho-Challenge – und das ist es auch für viele von uns. Denn in unseren Schränken hängen nicht nur Klamotten und Taschen, da hängen auch Erinnerungen, Geschenke, bares Geld oder Träume (irgendwann passe ich da wieder rein). Und sich von all dem zu trennen, ist mühsam und schmerzhaft. Ich muss dich also warnen: Den Kleiderschrank zu entrümpeln wird dich zwischendurch an den

Rand der Verzweiflung bringen, aber am Ende ist ein gut sortierter, organisierter Kleiderschrank dein bester Freund. Er hilft dir, jeden Tag super auszusehen und in Zukunft viel Geld zu sparen. Ich gebe dir dazu ein paar Tipps, die dir hoffentlich dabei helfen, beim Aufräumen sogar noch etwas Spaß zu haben.

Aufräumen mit Verona:

Expert:innen sagen, man soll nicht mehr als fünfzig Teile im Schrank haben.
Ich frage mich: Was sind das für Expert:innen? Das hört sich eher nach Nudist:innen an oder gar nach Sadist:innen oder eben einfach nach Männern.
Ich halte mich jedenfalls sicher nicht an diese unrealistische Zahl, sondern an ein paar Faustregeln, und die teile ich auch gleich mit dir. Vorweg nur eins: Wenn du deinen Kleiderschrank erfolgreich aussortieren willst, ist das keine Nebenbei-Geschichte, sondern eine tagesfüllende Aufgabe. Zeit ist also das A und O, denn nur eine Sache ist noch unbefriedigender als ein unaufgeräumter Schrank, und das ist ein halbaufgeräumter! Was du sonst noch unbedingt brauchst, sind ein großer Spiegel in unmittelbarer Nähe (wenn du für jeden Check-in den Westflügel deiner Wohnung marschieren musst, hast du am Ende des Tages mehr Schritte auf der Uhr als Teile im Schrank) und Musik (bitte nicht die Schmuserock-Playlist, die macht nur unnötig nostalgisch, aber auch nicht die Techno-Playlist, die macht unnötig erbarmungslos. Perfekt sind treibende Feelgood-Songs mit gutem Beat). Am besten ziehst du dir Unterwäsche und einen Bademantel an. Ich werde dich jetzt nämlich gleich zur Anprobe bitten. Es ist übrigens superwichtig, einen Tag zu wählen, an dem du mit dir im Reinen bist und Lust darauf

hast, dich dem Chaos in deinem Schrank zu widmen. Wenn du noch deine Periode hast, könnte ein Tag rund um deinen Eisprung passen, dann fühlst du dich besonders schön. Wenn du keine Periode mehr hast, nimm einen Tag, an dem dir nach Luftsprüngen ist – die sind sowieso besser als Eisprünge.

Jetzt geht's ans Eingemachte oder besser gesagt ans Reingestopfte: alles muss raus. Am besten legst du erstmal den gesamten Inhalt deines Schrankes aufs gemachte Bett. Und dann ziehst du nach und nach alle deine Klamotten an und betrachtest dich im Spiegel. Während du dich anschaust, werden dir bereits in den ersten Sekunden Gedanken in den Kopf schießen. Diese ersten Impulse entscheiden über das Schicksal deiner Besitztümer. Folgende Gedanken könnten dabei sein:

1. Wow, mein absolutes Lieblingsteil, das macht mir richtig gute Laune.
2. Wie, das hab ich noch? Ja super, es steht mir auch hervorragend.
3. Im Sitzen geht das schon noch. Oder im Dunkeln. Oder unter einem Skianzug, aber wenn ich gegen einen Schneemann fahre und im Krankenhaus lande, würde ich mich sehr dafür schämen.
4. Da pass ich eines Tages wieder rein, obwohl, eigentlich hab ich nie richtig reingepasst und wenn ich ehrlich bin, war es schon zu eng, bevor ich meine drei Kinder und die neue Eismaschine bekommen habe.
5. O mein Gott! Das war mal richtig teuer. Schön ist es trotzdem nicht.
6. O Schreck. Was habe ich mir dabei gleich noch mal gedacht? Dachte ich damals wirklich, dass mir als V-Frau XL-Schulterpolster stehen? Ich seh aus wie Hulk, in bleich.

7. Ohhhh, das hab ich vor vierzehn Jahren zur Einschulung meiner Tochter getragen. Es ist grauenvoll, aber es hängen so schöne Erinnerungen daran ...

Nur, wenn du beim Anprobieren eine Variation von Nummer 1 oder 2 denkst, solltest du die Klamotte, Tasche oder das Accessoire behalten. In allen anderen Fällen: weg damit. Wenn das Teil mal teuer war und nur deshalb den Platz in deinem Schrank verschwendet: verkaufe es. Wenn es zu eng ist: verschenke es an irgendeine von diesen H-Frauen. Wenn es ein crazy Trendteil ist und dieser Trend aber sowieso nie was für dich war: zieh es deinen Kindern beim Karneval an. Wenn lediglich deine Erinnerungen dranhängen, dann frage dich, ob diese Erinnerungsstütze wirklich deinen Kleiderschrank verstopfen soll und ob dieser wunderbare Tag in deinem Leben nicht genauso toll bleibt, wenn der Fetzen aus deinem Haus auszieht.
Am Ende des Tages hast du 3 Kleiderhügel oder -gebirge:

1. Behalte ich, macht mich glücklich und sieht gut aus.
2. Ist alt und abgetragen, werfe ich weg.
3. War teuer oder mal trendy, verkaufe oder verschenke ich.

Den Wegwerf-Berg kannst du direkt bei einem wohltuenden Abendspaziergang (in einem Outfit, das dich glücklich macht) in die nächste Altkleidertonne oder in den Restmüll verabschieden.
Dinge, die du verkaufen oder verschenken willst, legst du bitte NICHT zurück in den Schrank, sondern als sichtbares To-do in eine Kiste, von der aus sie dich mahnend ansehen und dir dauernd sagen: „Du willst mich nicht mehr? Dann verkaufe oder verschenke mich as soon as possible".
Wenn dein Kleiderschrank dann endlich ordentlich ist, siehst du auch wieder, was du eigentlich alles besitzt. Und weil du gerade tütenweise

Fehlkäufe losgeworden bist, kannst du dich vielleicht auch dazu disziplinieren, künftig weniger „Fast Fashion"-Käufe zu machen und stattdessen deine Garderobe nur um die Teile zu ergänzen, die dir wirklich fehlen oder für die du wirklich einen Anlass hast.
Ich bin sicher nicht das beste Beispiel, wenn es um einen minimalistischen Kleiderschrank geht und darum, wenig Mode zu besitzen. Ich gebe mir aber Mühe, in hochwertige Kleidung zu investieren, und greife auch immer wieder zu nachhaltig produzierten Kollektionen. Wenn du die Möglichkeit hast, solltest du das auch tun. Oder ein- bis zweimal im Jahr ganz bewusst Konsum-Fasten machen. Dann kauft man einen gewissen Zeitraum lang nichts Neues, wird automatisch kreativ und spart eine Menge Geld. Wenn man das Geld übrighat, kann man sich eine neue tolle Designer-Tasche davon kaufen, über die man dann in zehn Jahren beim Schrank-Ausräumen sagen kann: „O mein Gott. Die war mal richtig teuer!"

Fast Fashion? Langsam, bitte!

Alles ist so schnell geworden. Als ich noch ein Teenie war, kam zweimal im Jahr der Otto-Katalog ins Haus geflattert, den habe ich dann eine Woche lang studiert, mir siebzehn Teile daraus bestellt und die trug ich dann ein halbes Jahr lang, bis der nächste Fashion-Wälzer im Briefkasten lag. Heute wird man von Styles und Trends überrannt, die sich teilweise selbst überholen. Gestern Marlene-Hose, heute Tapered-Fit, morgen Boyfriend. Klar, dass man ständig das Gefühl hat, Neues besitzen zu müssen und dass am Ende so vieles im Kleiderschrank ungetragen bleibt. Was wir SUPERMILFs dieser Schnelllebigkeit entgegensetzen können, ist die Gelassenheit, zu wissen, wer wir sind. Wir müssen keinen Trend-Wettbewerb gewinnen, stattdessen greifen wir gezielt zu den Dingen, die uns glücklich machen und super stehen. Das spart Nerven, Geld und Fehlkäufe. Und es spart unserer Umwelt 1,3 Millionen Tonnen Müll in Form von Kleidung, die gemäß einer Studie von Greenpeace jährlich weggeworfen wird.

Und täglich grüßt das Modetier:

Ich habe die Erfahrung gemacht, dass man gerade im Alltag verlumpt und verlottert, weil einen ein altbekannter Gedanke quält: „Das lohnt sich nicht!" Jetzt kannst du entweder zurückblättern und noch einmal den entsprechenden Absatz aus Kapitel 3 manifestieren, oder wir schreiben es uns an dieser Stelle noch einmal gemeinsam hinter die Ohren: Es lohnt sich immer, wenn es um dich geht. Und auf Kleidung bezogen: Es lohnt sich jeden Morgen, sich schön anzuziehen, denn wie du dich kleidest, so fühlst du dich. So geht das Sprichwort doch, oder?! Zum Glück hast du den Berg mit deiner fleckigen und löchrigen Kleidung ja sowieso schon entsorgt und mit diesen Tipps zu den wichtigsten Basics wird es dir noch leichter fallen, jeden Tag so auszusehen, wie du dich innerlich fühlen solltest: gepflegt, strahlend und im besten Fall frisch gebügelt!
Diese Key-Pieces braucht jede SUPERMILF – auf dem Spielplatz, im Supermarkt oder einfach bei dir zu Hause:

1. All white? All right!

Bei den Oscars 2021 trug die mehrfach nominierte Regisseurin Chloé Zhao (43 Jahre alt) auf dem Red Carpet ein paar weiße Ledersneakers zu ihrem plissierten Hermés-Kleid. Sneakers sind also definitiv die neuen Pumps. Und gerade in der Lebensmitte können wir unseren Füßen mal eine Pause von hohen Absätzen gönnen.

Besonders weiße Turnschuhe sind voll im Trend, stehen Frauen mit jeder Figur und sind ein Styling-Essential, das zu beinahe allen Outfits passt. Es gibt sie als filigrane Turnschuhe, High-Top-Modelle oder mit klobiger Plateau-Sohle. Wobei ich dir von ganz dicken Sohlen abrate, wenn du sehr klein und zierlich bist. Die High-Top-Varianten stehen großen Frauen mit langen Beinen am besten. Ob zu Kleidern, Röcken oder Jeans – weiße Sneakers gehen immer. Sogar zu einem gut geschnittenen Jogginganzug. Auch wenn mein Freund Karl Lagerfeld mal sagte, wer eine Jogginghose trägt, habe die Kontrolle über sein Leben verloren, bin ich mir sicher, dass er nicht die Art von Jogginganzug meinte, die ich euch empfehle: eine bequeme, aber stylische Kombi aus Hose und Pullover.
Worauf du allerdings achten solltest: Deine Sneakers sollten keinesfalls ausgelatscht und immer tippitoppi sauber sein. Ich persönlich finde auch, dass es schöner ist, wenn keine Socke aus dem Sneaker hinausblitzt. Im Herbst kannst du eine kuschelige Einlegesohle in deinen Sneakers legen, dann sind natürlich auch Socken erlaubt.

2. Die schönsten Nebensachen der Welt.

Der Begriff „Accessoire" stammt aus dem Französischen und bedeutet übersetzt „Nebensache". Accesssoires komplettieren dein Outfit oder setzen Highlights. Must-have-Accessoires sind beispielsweise eine tolle Tasche, eine Sonnenbrille, eine Handyhülle und ein Schlüsselanhänger. Bunte Knallfarben sind in diesem Jahr ganz besonders im Trend, sind ein Hingucker und machen gute Laune. Dein Handy oder deinen Schlüssel nimmst du täglich in die Hand, also schmücke sie mit einer frischen Farbe oder einem tollen Muster, das dich modischer und zugleich glücklich macht. Knallbunte Neon-Handyhüllen zum Umhängen zum Beispiel gibt es für wenig Geld. Auch eine tolle Handtasche ist ein absolutes Must-have. Momentan sind XXL-Taschen voll im Trend oder Handtaschen in der Farbe deines Outfits, so genannte „Matching-Taschen". Egal, für welche du dich entscheidest, das Wichtigste ist, dass sie nicht ausgebeult oder schmutzig ist – denk einfach immer an den Pharao vom Beginn dieses Kapitels! Eine super Sonnenbrille verleiht jedem Look das gewisse Extra. Wichtig ist nur, dass sie zu deiner Gesichtsform passt und dass du auf einen hochwertigen UV-Schutz achtest. Mit einem bunten Brillenglas setzt du ein Fashion-Statement, mit einem verspiegelten Glas wirkst du sexy und geheimnisvoll. Erlaubt ist auch hier, was dir gefällt!

3. Tip-Top: der Flip-Flop

Im Sommer liebe ich Flip-Flops. Natürlich nur, wenn die Füße frisch manikürt sind und mit einem knalligen Nagellack zu den trendigen Sommerschuhen passen. Die Zehentrenner gibt es auch mit bequemem Fußbett und in vielen unterschiedlichen Farben – von schlicht bis bunt! Ein weiterer lässiger Sommerschuh, den ich persönlich liebe, ist der Espadrilles-Schuh. Durch den Keilabsatz in verschiedenen Höhen läuft man bequem und sicher, wirkt dabei aber immer elegant. Espadrilles gibt es in allen Farben, aus Baumwollstoffen oder glänzendem Leder. Du kannst sie zum Kleid ebenso tragen wie zur Jeans und legst in ihnen immer einen sommerlich-luftigen Auftritt hin.

4. Shape it, baby!

Bauch-weg-Unterhosen waren mal die Teile, die man in der hintersten Ecke des Kleiderschrankes versteckt hat. Wir erinnern uns alle noch an Bridget Jones, die im gleichnamigen Film vor ihrem Date mit dem heißen Hugh Grant einen Kampf mit ihrem XXL-

Schlüpfer ausfocht. Heutzutage würde Hugh sich freuen, denn Shapewear hat eine Revolution erlebt. Inzwischen ist formende Unterwäsche ein echtes Must-have, das sogar ganz sexy aussieht. Zum Beispiel die Teile der Shapewear-Linie von Kim Kardashian, die die Silhouette jeder Frau an den richtigen Stellen definiert: der Bauch wird flacher, der Po wird angehoben und die Brust perfekt geformt. Außerdem ist diese Art der Unterwäsche entgegen aller Annahmen richtig bequem: nahtlos-modellierend betont sie die Stärken unseres Körpers und kaschiert die Partien, die wir weniger zeigen möchten. Eine echte Wunderwaffe, auf die ich nicht mehr verzichten will!

5. Unterschätzter Überwurf: Der Poncho.

Ich finde, jede Frau sollte einen Poncho besitzen. Du trägst ihn wie einen Überwurf über der Kleidung, er hält Rücken und Schultern warm und ist dabei leicht und weich. Gerade im Herbst oder bei unberechenbarem Wetter ist der Poncho mein bester Freund, der in meiner Tasche sitzt und auf seinen Auftritt wartet. Und er kann schlicht, bunt oder glamourös sein. Denn Ponchos gibt es in den unterschiedlichsten Farben, Schnitten und Mustern. Wenn du noch keinen hast, kannst du hier mit jedem Figur-Typ zuschlagen. Ich persönlich finde es bei kleineren Frauen mit mehr Körpermitte schöner, wenn der Poncho weit über den Po geht und vorne offen ist. Frauen mit einer ausgeprägten Taille können das Volumen des Ponchos mit einem Gürtel zähmen und so ihre Kurven in Szene setzen.

6. Daumen hoch zur High-Waist-Hose.

Eine schöne High-Waist-Hose mit ausgestelltem Bein sollte in keinem Kleiderschrank fehlen. Sie steht eigentlich jeder Frau, weil der hohe Bund einen schmeichelhaften Effekt auf die Körperproportionen hat: die Beine wirken länger und die Taille schmaler. Natürlich nur, wenn du keinen Schlabberpulli trägst, der bis zum Knie geht. Trag einfach einen schönen Wollpullover, den du entweder nur vorn oder komplett in den Hosenbund steckst. Kleine Frauen können chunky Sneakers dazu tragen, dann wirken die Beine gleich noch länger, und das ganz ohne hohe Schuhe. Ich persönlich achte immer darauf, dass der Stoff meiner High-Waist-Hosen nicht zu sehr knittert und dann nicht mehr schön aussieht, wenn ich lange gesessen bin!

7. All eyes on my eyes.

Zu toller Mode gehört immer auch ein gutes Styling. Gepflegte Haare, Make-up, Lippenstift. Es kann je nach Anlass natürlich auch dezent sein. Wenn du aber mal Lust hast, es auch in deinem Gesicht richtig krachen zu lassen, dann besorg dir Einmal-Wimpern, die du einfach vorm Ausgehen mit ein bisschen Kleber aufträgst und mit denen du ganz bestimmt den attraktivsten Augenaufschlag des Abends haben wirst, bevor du sie vorm Schlafengehen einfach wieder abziehst.
Oder aber du kaufst dir bunte Kontaktlinsen. Zum Beispiel in grün oder blau. Die „neue" Augenfarbe intensiviert deinen Blick und gibt dir im wahrsten Sinne einen komplett neuen Look, ohne großen Aufwand. Stars in Hollywood machen vor, dass Kontaktlinsen längst nicht mehr nur eine unsichtbare Sehhilfe sind.

Je oller, je doller?

Bei der Recherche zu diesem Buch ist mir aufgefallen, dass das Internet voller Altersdiskriminierung ist. Da heißt es dann: „bleib modisch trotz deines Alters", „so vermeidet die Ü50-Frau typische Stylingsünden" oder „was Frauen ab 50 nicht tragen sollten". Frauen, die sich in der Lebensmitte nicht in besagtes Rentnerbeige hüllen, wird unterstellt, dass sie sich mit buntem Garn verzweifelt am Faden der Jugend festhalten wollen und am Ende doch nur lächerliche Clowns sind. Mich nerven solche Aussagen, weil sie pauschalisierend und falsch sind. Deswegen möchte ich zum Abschluss dieses Kapitels noch einmal eine Lanze dafür brechen, dass du in deiner Lebensmitte modisch alles machen darfst, was dir gefällt und was dich glücklich macht. Dein ganz persönliches Glück ist nämlich immer im Trend. Und deshalb ist es mir auch so wichtig, dass du weißt: Alles, was ich dir hier zu Mode sage, soll dich in keinem Fall limitieren. Ich versuche nur, dir aus dem, was ich über Mode weiß, eine Art Anleitung zusammenzuschreiben, mit der du das, was du trägst, für dich arbeiten lassen kannst. Denn jede SUPERMILF, die (modisch) gegen den Strom schwimmt, trägt dazu bei, unserer Gesellschaft eine neue Denkrichtung vorzugeben!

Epilog

Dieses Buch ist am Ende. Ganz im Gegensatz zu dir und mir.
Wir sind immer noch mittendrin in diesem wunderbaren Leben, und ich hoffe, ich konnte dir auf jeder Seite Mut und Lust auf diese ganz besondere Lebensphase machen und vor allem mit vielen Vorurteilen aufräumen. Denn die Lebensmitte ist nicht der Feind, der mit dem heißen Händchen deine letzten Eizellen aus dem Stock rupft, sondern deine beste Freundin, wenn es darum geht, neue Wege zu beschreiten.

Es ist egal, ob du jetzt am Ende des Buches noch weißt, mit wie vielen Eizellvorstufen eine Frau zur Welt kommt. Es ist auch nicht wichtig, sich daran zu erinnern, was Progesteron genau in deinem Körper macht. Dieses Buch hatte nie den Anspruch, ein rein medizinischer Ratgeber zu sein, auch wenn ich hoffe, dass ich dir einige Vorgänge in unserem Körper veranschaulichen konnte. Ich wollte mit diesem Buch erreichen, dass du spätestens jetzt in deiner Lebensmitte damit anfängst, dich um die allerwichtigste Person in deinem Leben zu kümmern: um dich! Nimm dir die Zeit, dich selbst zu priorisieren und befreie dich davon, immer erst allen anderen helfen zu wollen. Lass unterdrückte Gefühle frei und Zweifel, Ängste und festgefahrene Strukturen los.
Lade ohne Reue etwas Egoismus und Selbstliebe in dein Leben ein und du wirst sehen, dass du als glückliche, selbstsichere Frau auch viel mehr zurückgeben kannst, wenn du das möchtest.
Freu dich auf das hitzige Hormonchaos, das zwar viel Unruhe stiften kann, aber auch viele positive Effekte mit sich bringt. Es macht uns stärker, angriffslustiger, ehrlicher und mutiger. Wir trauen uns Dinge anzusprechen, Neues anzugehen und Schlechtes zu Ende zu bringen. Wir trauen uns endlich ins kalte Wasser zu springen. Und siehe da, es ist klar und erfrischend und gar nicht mal so salzig, wie wir es uns immer eingeredet haben. Und das neue Ufer ist auch ganz nah und sieht viel mehr nach dem Ort aus, an dem wir jetzt sein möchten.

Wir trauen uns alles zu, weil wir endlich anerkennen, was wir in den letzten Jahrzehnten geleistet haben. „Nichts ist unmöglich" ist der Slogan, den ein bekannter Autohersteller eigentlich uns Frauen in der Lebensmitte geklaut hat und wir schreiben ihn uns ab sofort wieder auf unsere Fahnen.
Wir finden uns schön, weil wir uns nicht mehr vergleichen lassen, sondern endlich bei uns angekommen sind. Deshalb stecken wir alle Energie in uns selbst und laden uns so permanent von innen auf.
Wir lassen uns nicht mehr so schnell stressen und lieben unsere neue Gelassenheit. Wir erkennen unsere Endlichkeit an, verfallen aber nicht in Panik, sondern nutzen unsere kostbare Zeit so gut es nur geht.

Natürlich habe ich immer noch keine Lust zu sterben und blicke diesem Szenario auch nicht tiefenentspannt oder gar vorfreudig entgegen. Aber ich schiebe es einfach noch ein halbes Jahrhundert auf, denn bevor ich ab-lebe, will ich noch ganz vieles er-leben: mit Franjo Los Angeles erobern, mit Freundinnen so tanzen, als würde keiner zusehen, einen Stern auf dem Walk of Fame bekommen, auf der Hochzeit meiner Jungs vor Freude auf mein Designerkleid weinen, Jumpsuits tragen, für die ich laut Boulevardzeitungen viiiiiel zu alt bin, meinen ganzen Körper eincremen, bis Rocco mich Flipper nennt, und natürlich Oma werden.
Und weil ich so gut auf mich achte und es so vieles gibt, das ich für mich und meinen Körper tun kann, liegt die Wahrscheinlichkeit, dass ich all das und noch viel mehr erleben werde, durchaus bei 99,9 Prozent.

Einen weiteren Anspruch hatte das Buch noch: Ich wollte dich mit meinen Tipps zur SUPERMILF machen. Ob das gelungen ist, werde ich leider nicht von allen Leserinnen persönlich erfahren, aber ich glaube ganz fest daran. Und du kannst mit diesem Abschlusstest deine

SUPERMILFIGKEIT direkt selbst überprüfen. Beantworte einfach folgende Fragen:

Hast du das Gefühl, dass du auf dem besten Weg bist, die Person zu werden, die du eigentlich schon immer sein wolltest und solltest? Und kannst du das jetzt auch endlich, weil du dich von allem befreit hast, was dich daran gehindert hat? Wirfst du deine Selbstzweifel und deine Ängste über Bord und schipperst zusammen mit deiner Gelassenheit und deinen Träumen einer entspannteren zweiten Lebenshälfte entgegen?
Schaust du manchmal in den Spiegel und denkst: Ja, diese Frau da sieht vielleicht älter aus, als ich es im Inneren bin, aber ich liebe sie gerade deshalb (und werfe ihr regelmäßig Kusshände zu)? Pflegst du echte Freundschaften? Lässt du los, was dich belastet? Freust du dich, dass du nie wieder prämenstruelle Schmerzen haben wirst? Kümmerst du dich darum, dass dein Sexleben nicht auf der Strecke bleibt, nur weil deine Fruchtbarkeit auf halber Strecke ausgestiegen ist? Hast du deine Hormone im Griff und wenn nicht, hast du dich in die Hände von Expert:innen begeben? Sind dir Wartezimmer eines Arztes nicht nur aus der Apothekenumschau bekannt? Cremst du dich ordentlich ein? Versorgst du deinen Körper mit mehr Spinat als Alkohol? Und ist dieser Körper in Klamotten gehüllt, die einer heißen Schnitte in der Lebensmitte würdig sind? Und die keine Löcher und keinerlei (unbeabsichtigte) Ähnlichkeit mit Mumien haben?

Ja, ja und ja?

Dann gratuliere ich dir und heiße dich willkommen im Kreis der SUPERMILFs. Du bist schön, du bist stark und vergiss nie: Du bist nicht allein!